JN336890

『本』で
ビジネスを創造する本

近藤 昇・佐々木 紀行

カナリア書房

はじめに

一昔前、『本』は、ひと握りの知識階級における情報発信の手段でした。大学の教授、作家など、いわゆる「先生」と呼ばれる方々です。その方々が、自らの知見を活字にして、世に発信していたわけです。ところが、インターネットの普及に伴い、誰もが情報発信の担い手たることができる時代に突入すると、本の持つ役割も若干変わり始めます。多様化の時代の中、従来では考えられないテーマを扱った本が次々と登場するようになりました。例えば、車の選び方や保険の選び方、それこそ趣味からライフスタイルまでさまざまなジャンルの本を、その道の専門家が執筆するようになります。数限られた知識階級に与えられた特権である、本を使った情報発信のハードルはグッと下がってきたのです。これは、誰もが本の著者になりえる時代を指し示しているといえるでしょう。

私たちは、2003年にカナリア書房という出版社を立ち上げ、現在まで200冊以上の本を発刊してきました。ビジネス書がメインの出版社です。著者を見てもらえればわかりますが、9割以上は皆さんが聞き覚えのない方々ばかりです。失礼な言い方になってしまいましたが、これは私たちの狙いどおりの結果ともいえます。元々、カナリア書房は「時代に警鐘を鳴らす」という理念をもって立ち上げた出版社です。記念すべき1冊目の著者は田原総一朗先生でしたが、その後は、各方面の専門家の方々に、経験やノウハウを余すことなく発信してもらうことに努めました。その結果、無名かもしれませんが、世の中に貴重な情報を発信することができたのではないか、と自負しています。

そして、自らも著者として本を発刊し続ける立場としてさまざまな経験もしました。それについては、本書に詳しく述べております。そこで、私たちは、本がビジネスにおおいに活用できるという確信を得たのです。特に中小企業や個人事業主こそ、もっと本を上手に使えば、顧客だけでなく、各方面のパートナーと出会う機会も増やすことができます。規模の小さな企業や個人こそ、本という情報発信ツールをもっともっと使いこなす術を身につけるべきと考えています。

ただし、そこには旧来の出版ビジネスの考え方とは、やや異なる視点が必要になります。それは、本を小売ベースの商品と捉えるのではなく、自らの事業拡大を目的とした投資という考え方を持つことに近いかもしれません。つまり、本が売れて印税が手に入るという旧来の出版ビジネスとは異なる投資効果に着目するわけです。そこに、本の隠れたメリット、ビジネスにおける秘めた効果が浮き彫りになってくるのです。

本書では、旧来の出版ビジネスとは少し違った本のビジネスにおける活用法について、私たちの経験やノウハウをまとめました。もちろん、本は『売れてナンボ』の世界であることは確かです。しかし、それ以外の本の魅力を伝えられればと思っています。そして、本書自体が皆さまのビジネス発展の一助となればこれに過ぎたる喜びはありません。

２０１２年１月

ブレインワークス　代表取締役　近藤　昇

『本』でビジネスを創造する本●目次

第4章　ビジネスに活用できる本の作り方

第1章　「本を売る」出版ビジネスの限界と現実

「本を売るだけ」の時代が終わる

「出版不況」――いま、こうして本書を手にしていただいている方も、一度はこんな言葉を耳にされているのではないでしょうか。

「本が売れない」と日本で言われはじめて、ずいぶん歳月が経ちました。はじめは「インターネットが普及したから売れない」と出版社は言い、そのうち「子ども達がゲームをするから」、「大人がマンガを読むようになったから」本が読まれなくなったのだ、と理由をつけるようになりました。活字離れが起きて文化が衰退してしまうから本を読もう。団塊ジュニア世代から10年ほど経った世代は、こういうスローガンのもと教育を受けていたようです。そして最近では、活字を紙ではなく液晶画面で読むだけなのに、「電子書籍が普及すると紙の本が売れない」と言い、紙文化が衰退しないようにと本のメリットを声高に主張する人もいました。そして現在、それでも本が売れない状況を「出版不況」と呼ぶようになりました。

世間においても確かに変化は起こっています。商店街や小さい駅の前にあった個人経営の書店が少なくなりました。電車のなかでは、単行本や新書を開く人がまだまだいますが、雑誌を広げる女性は少なくなりました。そして時折、出版社が倒産するニュースも見かけるようになりました。

それでも一般紙を開けば、記事下の広告欄に「たちまち増刷」とか「ベストセラー10万部」などの見出しが踊っています。広告を見た人は「この本は相当売れているんだ」という印象を受けるでしょう。こうした広告の表示は嘘ではありませんが、そのまま書かれている部数を足しあわせたら実売の10倍くらいあるのではないかと思います。こうした両極端な例を前にして、結局本は売れているのでしょうか。

出版業界にはいくつかの団体がありますが、そのうちの一つ、社団法人全

国出版協会　出版科学研究所が出版に関する統計を出しています。この統計をもとに、まずは出版物販売の売上を見ていきましょう。

統計では、1996年が販売額のピークとなっています。この時期は定額制のブロードバンドが普及しインターネット人口が急増する少し前の時期です。ピーク時の年間売上高は、雑誌も含めて2兆6564億円。この1996年までは、毎年のように売上増を達成してきました。この時代にあっては「本を書けば売れる」時代だったといえます。

しかし、この年を境にして出版物はすべて売上を減らしはじめます。09年には2兆円を割り、10年時点では1兆8748億円となりました。これはピーク時から3割減という凄まじい落ち込みです。この影響は深刻で、全国の書店数は10年間で2万軒から1万5000軒に減少。実に全書店の4分の1が閉店や廃業となったのです。最近では大型書店オープンのニュースを耳にすることがありますが、これは不採算店舗を閉店させた上での合併だったり、取次会社や出版社が資本を入れたチェーン店だったりします。書店の経営は厳しい状態にあります。

売上高の減少により、販売部数も当然落ち込んでいます。統計では88年がピークで、この年には約９億４０００冊が販売されました。こちらは毎年増減を繰り返していますが、現在の水準は70年代後半と同程度です。また、この部数にはセールス・プロモーションの目的で、著者や出版社側が買い取る冊数分も含まれていますから、「本を買って読む」という一般読者はさらに少なくなります。そして出版物の返本率は平均４割。結論から言って「本を書いても売れない」時代に入りました。

このような時代に出版社が生き残るには、発刊する本の点数を増やさなければなりません。１つの本当たり売上が少なくとも、点数を増やしてカバーしようという作戦です。新規の出版点数が多いということは、積極的な経営をしているとプラス評価される可能性も出てきますが、実態のほとんどはキャッシュを追いかける自転車操業的な経営に終始しているのです。こうした事情を背景に各社が出版点数を増やしはじめました。

統計を見ると、90年代に入り新刊の点数が一気に増加していることがわかります。82年～91年は3万点台だったのが、92年には4万2000点、95年には6万1000点、09年には7万8000点を超え過去最高となりました。これは販売部数が過去最高だった88年の2倍に当たる点数であり、1点あたりの販売部数が半分になったということもわかります。

こうして自転車操業的に出版を繰り返してきた業界ですが、ついに10年には新刊点数が減少に転じました。こちらも毎年増減があるため一概には言い切れませんが、本を並べる書店側が新刊であふれてしまい限界にきているという状況、またこうした事を出版社が繰り返しても赤字が累積するだけになったのかも知れません。いずれにせよ、本を作ってそれを単に売るだけで利益を上げてきたこれまでの出版ビジネスは、その時代を終えようとしています。

今も根強い「印税生活」のイメージ

これほど厳しい状況にある出版業界ですが、業界関係者を除いたほとんどの方はその事実を知りません。ただ漠然と「出版業界は景気が悪いね」ということだけがイメージされ、相変わらず著者といえば「本を出せば印税だけで生活できる」という幻想をもって接する方が多いのです。簡単な計算をしてみればわかることですが、印税で生活なんてできません。

例えば、印税を８％として考えてみましょう。定価１０００円の本ならば、印税は80円。ビジネス書は５０００部売れたら良い方ですが、これで印税はようやく40万円です。ベストセラーになると10万冊売れることもまれにあります。これで８００万円。どうでしょう。これだけで生活していくことができるでしょうか。

印税生活をイメージされるのは、ほんの少数、片手で指を折る程度の数に限られますが、新刊を出すたびにベストセラーとなる有名な文芸作家たちの存在があるからではないでしょうか。確かに彼らの収入だけを見れば、生活するには十分かも知れません。しかし、彼らは次の作品を書くための取材や準備に時間をかけ、さらに講演会やテレビ出演、寄稿もやりながら執筆活動をつづけているのです。一方で、彼らを除いた多くの作家は、ビジネス書や専門書の著者と同じく「本が売れない」状況にあります。こうした二極化が進んでいるということも、大きな問題となっています。

著者の多くは、自分自身やその魅力、経験してきた事に自信をもっています。本にしたら売れるという自負があるから出版するのです。だから出版後に、本が売れないという現実を前にして「なぜ自分の本が売れないのだろう」と考えるわけです。そこで著者は、書店に通ったり、出版社や編集者にクレームをつけたり、色々なアクションを起こします。これは長く出版に携わったり、何度か出版したりすればわかってくるのですが、出版すれば印税生活ができ大金持ちになれるというような一攫千金的ビジネス、無名だった人がスカウトされてスターになるような夢物語といった、現実離れした世界はありません。あくまで合理的に、かつ現実的にビジネスで活用できる出版について、本書ではまとめていきます。そのために冒頭から業界の厳しい現状に触れましたし、以後もデータや私自身の体験から学んだこと、気づいた点を伝えていきます。出版という業界をすべて知っていただいた上で、ご自身のビジネスと出版をつなげて考えていただきたいのです。

どんな本でも同じですが、出版した本をビジネスに活用し成功された方は皆「良い本が必ずしも売れるわけがない」ということをわかっているのです。それは、美味しい料理を出す店が必ずしも繁盛するわけでないという事と同じ。流行のメニューを出していたり、その店がちょっとテレビや雑誌に取材されたりしてその時だけ繁盛しているのです。その点を早く気づいて欲しいと私は願っています。

図1　本に関する誤解と事実

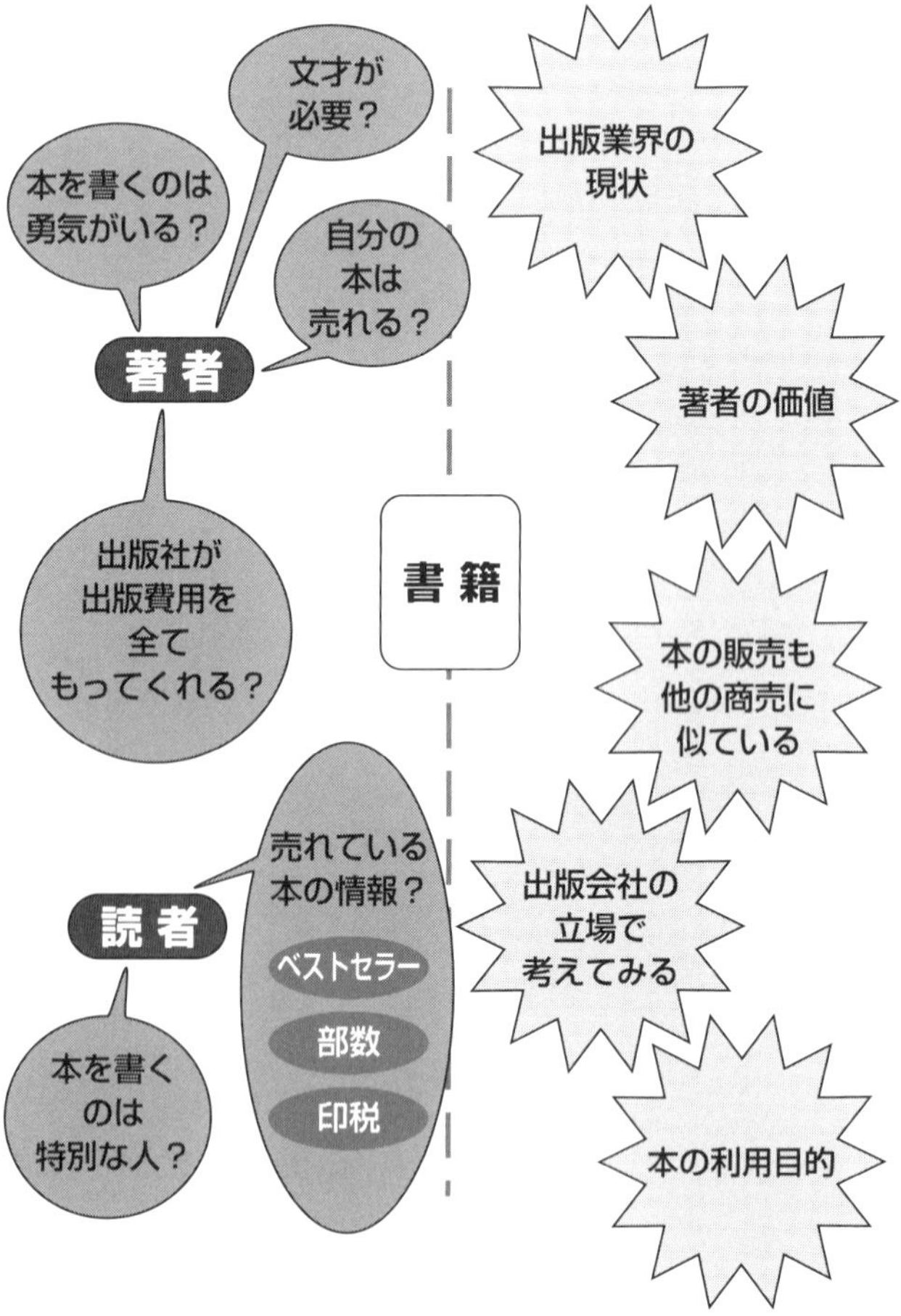

出版業界を初めて知った私の体験

私が出版について一冊の本にまとめることができるのは、この10年余で9冊の本を出版した『著者』としての経験、また２００３年にカナリア書房という『出版社』を立ち上げているからです。このカナリア書房では、出版事業を通して著者を『プロデュースする』という視点、そして出版した本を『ビジネスに活用できる』という大きな可能性に気づくことができました。本書では、４つの視点から出版業界を見つめ、新しいツールを連携させ、これまでにない出版ビジネスのチャネルをつくっていきたいという思いを込めて全体をまとめています。

図２　本を考える視点

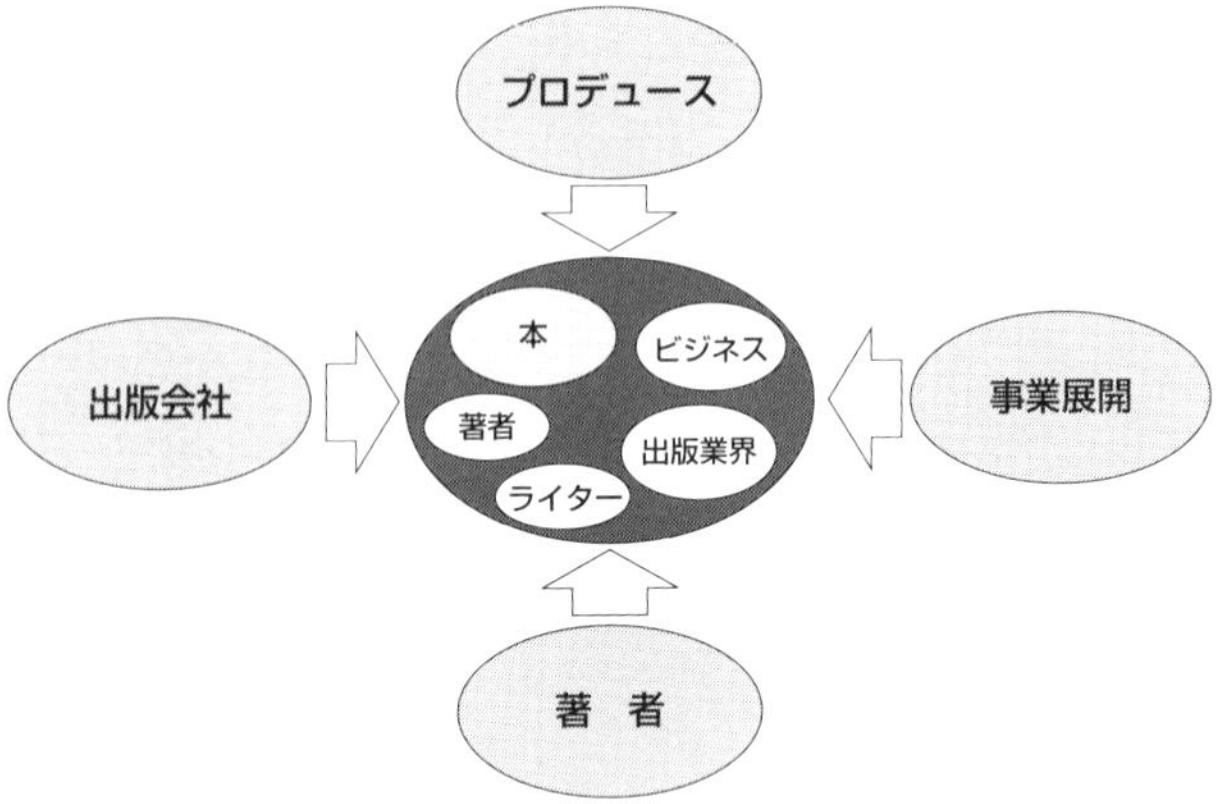

さて、ここではまず11年前に、初めて本を出版した時のことを回顧しつつ、出版までの流れと私自身が経験し学んだ事をまとめていきたいと思います。

私が１冊目に出版した本は「だから中小企業のＩＴ化は失敗する」（オーエス出版、２００１年）というビジネス書でした。もしかしたら地方の書店に置かれていたり、買った方が手元にまだ置いていてくださっている可能性があるかも知れません。知人や友人以外で、「書名を聞いたことがあります」とか「読んだことがあります」という人にも、これまで何人も出会うことができました。

この頃の私は、ＩＴを活用した中小企業支援を事業とし、セミナーを主催していました。当初は、外部から呼んできた講師の手前もあり、身内や知人を総動員してセミナーという格好をなんとか保ちながら開催。しかし、継続していくと案外セミナーも形になってくるもので、新しい顔ぶれが回を重ねるごとに増えていきました。

そうしてセミナーをやり続けて何年か経った頃、「近藤さんの話はおもしろいと思います。本にされたらどうでしょうか」とセミナーに参加していた方が私に声をかけてきたのです。その当時の私といえば、出版業界の事をまったく知らない素人。「一冊の本を書けるような人はすごい」「本を出版できるのは選ばれたごくわずかな人だけ」というイメージを強く持っていましたので、声をかけていただいた時はあたかも渋谷で「スターにならない？」と言われたような感覚でした。思わず舞い上がってしまったのです。

あとからわかったのですが、出版を誘ってきた参加者は本を出しそうな人と出版社をマッチングさせるエージェントだったのです。私は自分で原稿を書くものだと思っていましたが、お金を払ってライターに依頼することができることをそこで初めて知りました。私はお金の節約のために自分で書く選択をしたのです。私自身は国語が苦手で、最後まで編集者からの注文がつづきましたが、なんとか自分の力で一冊を書き上げました。そうこうするうち、出版の契約話もトントン拍子にすすんでいき、実はお金がかかるということが分かった時点では、「時すでに遅し」という状態でした。引くに引けない状態で、結局出版に踏み切ることにしたのです。

契約書に書いてあるとはいうものの、書類が手元に届いたのは印刷が開始する少し前でした。そこにはなんと「3000部×定価の8掛けで著者が買い取ること」と書いてあるではありませんか。私はこの時点でようやく気づいたのです。本当にショックでした。自分がお金を払うなんて、まったく知らなかったのです。この買い取り分と受け取る印税を相殺しても数百万円はかかるということだったのですが、すでに本は印刷開始の寸前ということもあり、結局そのまま出版を進めました。

私の体験談では、いくつかみなさんに伝えたいポイントがあります。１つは先入観というものの怖さです。あれから11年が経ちましたが、相変わらず私が持っていたような先入観が根強く一般の方に残っているようです。「本を出していることがすごい」とか「本を出すくらいだから社会にも認められた人」という声を聞きますし、大学の教授や研究機関の中には、いまだに出版を採用条件として盛り込んでいるという事も聞いたことがあります。

もう１つは、何かしら「伝えたいメッセージ」を日常から持っているということが、出版にはとても重要だということを実感しました。私が書いた本の内容は、26歳に起こったある出来事がきっかけです。ある時、中小の運送会社のＩＴ化の責任者に任命された私は、四苦八苦しながらシステム構築を進めていました。遅々としてＩＴ化が進まないことに憤りを感じていた私は、ある時、社長との打ち合わせで、黙って社長に向けて「ＩＴの前に人ありき」という一言をホワイトボードに書き込みました。このメッセージを見た社長は烈火のごとく怒りだしました……。実はこの時の事がずっと頭の片隅に残っていて、後に出版する本でもこのフレーズを使いました。ホワイトボードに書いたひとことですが、私自身がいつも考えている事柄の一要素だからこそ、とっさに出てきたのです。またこの事をきちんと記録していたからこそ、出版する際にはこうした出来事も盛り込むことができました。

ゆくゆくは出版したい、と考えている人は普段から発信しようと思っているメッセージや言葉、自分の意見を書き留めておくことが大切でしょう。伝えたい内容が明確であれば、いざ出版するときになって目次や全体構成で悩むということも少なくなります。また無理に話を膨らまそうとしなくても、書き留めたものを見返しながら具体的なエピソードとして付け足すこともできます。実際はこうした作業ができないまま歳月を過ごしてしまう方が多いのですが、だからこそ継続して欲しいと思っています。

さて、こうして苦労をして出版をすると、やはり自分の本は売れて欲しいと思うのが本音です。もちろん取次に替わって本を書店に売り込むことまではしませんでしたが、何か自分でもアクションを起こせないかと考えました。

まずは自分で自分の本を買いました。1、2冊買ったくらいで売上ランキングの順位が変わることもないでしょうし、はかない努力であることはわかっています。ですが、それでも本が並べてある場所を変えてみたり、わざと目立つように立ち読みをしたりして、周囲にアピールしたりしました。そうこうしているうちに、書店に自分の本があるか確認したいという衝動に駆られ、「本屋巡り」をはじめるようになりました。

書店を訪れると、まず自分が出版した本が平積み（本の表紙が見えるように置くこと）や面置き（書棚で表紙が見えるように置くこと）になっているかを確認してしまいます。業界では棚差し（他の本と同じく背ラベルを見せて書棚に置くこと）といいますが、この置き方をされてしまうようになると、まず書店を訪れた客が偶然本を見つける可能性はゼロに近くなります。だからなんとかしたいと思って、無駄とはわかっていながらそっと置き場所を変えたりしたこともありました。

自分が本を発売するのと同じようなタイミングで、もちろん他の新刊も出版されています。出版点数自体が多い時代ですから、平積み・面置きもそう簡単にはやってもらえないのです。そうやって本の置き方一つで一喜一憂しながら書店巡りをしているうちに、ついには本の姿が書店から消える日がやってきます。書店の規模や売場面積にもよりますが、新刊であっても並べておくスペースに限界があるので、ある程度の時期をおいて返本するのです。そうしなければ書店はパンクしてしまいます。

こうした書店の在庫管理をするのが取次会社です。ちょうど書店と出版社の間に位置していて、本の流通全体を管理しています。取次会社はいくつかありますが、ほとんどのシェアを日販とトーハンの2社が占めています。この2社は書店だけでなく、Amazonのような通販サイトにも関わっていて、インターネット上で万一大量に注文が来ても、すぐに在庫を補充できる体制をとっています。

実際に本がどれくらい売れているかは、書店→取次→出版社というルートでデータが伝えられます。私自身もはじめて本を出版した時には「あれだけ広告やプロモーションを行ったから10万部は売れるだろう」と勝手に想像を膨らませました。しかし、現実はその10分の1程度だったのです。出版社でデータを教えられた時は愕然としました。本が売れているという錯覚を、著者自身が起こしてしまうのです。

さて、そんな著者の立場からすれば、発売からある程度期間が経ち本の売れ行きが落ち着いてくれば、さっさと割引をして売ってしまいたいと思うかも知れません。本はそんなものじゃないと言われても、在庫として倉庫に置けば保管料が発生します。また流行モノや旬の話題を取り上げたような本であれば一日も早く売りたいと思うのが本音でしょう。

しかし、売れないからといって割引販売やセット販売をするようなことは基本的にできません。出版社や書店側も、売る時はキャンペーンを実施したり特設コーナーを設けたり努力はしてくれます。でも割引販売だけはできないのです。なぜなら、本の販売には「再販制度」と呼ばれる、書店の経営を守るために導入された価格維持制度が存在するのです。また本の裏表紙には書籍コードが印刷されていて、これが価格変更にストップをかけています。ゆえに、本を割引して販売することはできないのです（一部、大学生協などでは割引が許可されています）。著者は本が売れるまでただじっと待つしかありません。この点を考えただけでも「本を売る」だけのビジネスがいかに面白味のないもので、やりにくいものかということがわかっていただけると思います。

「本が売れている」と錯覚させるカラクリ

冒頭から「本が売れない」ということを書いてきましたが、それが事実なら出版社はそう長く生き残ることはできません。出版社は今、どうやって「本を売る」ビジネスを成立させているのでしょうか。

まずは、本書の『「本を売るだけ」の時代が終わる』で引用した新聞広告です。例として取り上げた「たちまち増刷」、「ベストセラー10万部」という見出しですが、これは印刷した数であり、売れた数ではありません。この表現方法こそ、カラクリなのです。

本は出版社から取次会社を経由して書店へと運ばれます。その流通にはトラックを使いますし、書店から一度に返本されることを想定して、コスト負担をする形で倉庫を自社で用意もしています。私も当初は保管する倉庫まで出版社が用意していることを知りませんでしたから、本当に驚かされました。本を売るということは難しいものなんだ、と改めて実感した瞬間です。

さて、この本が10万部売れれば先ほどの表現はカラクリでもなんでもありません。誤解もない事実です。しかし、まず前提として売り上げた冊数を証明するものがありません。雑誌であれば印刷所が証明するケースもありますし、それを調べる団体も存在します。しかし書籍の場合はありませんし、プロモーションの数字を除いた実売部数は出版社すら把握していないかもしれません。先ほどの広告では、各地の書店に流通した本の部数が合計10万部。「増刷」は在庫まですべて売れて品切れになって、二版目を印刷したら当然この表記でOKですが、初版部数がいくらかはわかりません。つまり初版部数をあらかじめ少なめに印刷し、数日後さらに二版目を印刷して流通させても増刷です。こうしたカラクリというか、錯覚というものはよく考えればわかることです。しかし、こうした広告も読者には効果的に作用し本の売上を伸ばすのです。

錯覚という点でいえば、書店での陳列でも本がよく売れているように見せる工夫が行われています。数年ほど前から、海外でベストセラーになった物語の日本語版がいくつか出版されています。こうした本の販売も、日本の取次会社が間に入っているためなのか、とにかく1冊でも多く本が売れるように考えられています。

書店では、ちょうど入口から目に飛び込んでくる位置の平台に、山のように本を積んで特設コーナーをつくります。あれだけ多くの本を積んだところで、どうせ完売できることはないでしょう。しかしこうした陳列方法も、書店を訪れた客からすれば「みんなが買うものだから」と思わず衝動買いしてしまうような効果を狙っています。高く積み上げた本の山を見て、客は本を買うのです。そうやって一通り本が売れればコーナーは解体され、ある程度の在庫を残して返本されていくのです。言い方は悪いかも知れませんが、はじめから捨てるという前提でマーケティングをやっています。こういう事が日常的に行われているのが出版という世界です。

さらには本のネット通販でも、より多くの本を売るための仕掛けを用意しています。出版に多少詳しい方であれば、大手通販サイトのランキング・ビジネスについて耳にされた方もいるのではないでしょうか。こうした手法も本を売るための一つの作戦です。

通販サイトはショッピングモールのような形でそれぞれの店舗が独立・運

営しているサイトもあります。しかし本に限っては1つの大手サイトが運営し、それぞれの地域ごとにある流通倉庫から宅配しています。サイトは世界中の人を相手にしているとはいえ、舞台裏は1つの書店。そこにも取次会社が在庫を補充しながら支えています。こうしたサイトは、世界中の人がレビューやランキングを書き込んだり閲覧したりするため、影響力はとても大きくなります。

さて、そのランキングは独自にプログラムを作って集計しています。しかし、あくまでプログラムですから、多少の知恵を効かせればランキングを上位にすることはできます。ただ、ランキングには基準となる時間帯があるため、効果的に上位にするためには情報を握っている立場の人間から協力を仰がなければなりません。

このランキングでは、「△時~□時の間に、何冊くらい買うとこれくらいの順位になる」というような情報を事前に知らされるようです。著者は協力できる友人や知人、著者仲間も巻き込みながら本の購入依頼をし、人手が足りなければ協力してくれる人を募集したり、特定のグループにキャンペーンや特典をつけたりと工夫をします。

書店であれば、購入時に書店員とのやり取りがあるため、一人であまりに大量の本を購入すると書店のランキングに加味しないという可能性もあります。もちろん、こうした通販サイトでも同じで、一人が複数冊を買ってもランキングには加味されないようなシステムになっています。ですから、一人で1000冊買うのではなく、1000人に1冊ずつ買うことをお願いするのです。こうして見事1位になったり、一つのカテゴリの中である程度の期間上位だったり、他のランキングと重ねたりといろいろな使い方ができます。レビューや評価も同様です。

こうした事は、インターネット検索サイトで表示される順位を上げるSEO対策と同じような考え方です。こうしたランキングもCMのようなもので、それをどう活用するかがポイントになります。

プロモーションによって、少しでも多くの製品・サービスを販売するということはあらゆる業界に存在します。もちろん出版業界も同じです。本というものが「人間の知識・教養をゆたかにする」とか「活字文化を支えるアイテム」という形でどんなに神聖化したとしても、本が売れなければビジネスは成立しません。だから他の業界と同じようにCMや広告を使ってプロモーションをするのです。こうした点もしっかりと理解した上で、「ならば出版をビジネスに活用しよう」と考えていくことが大切ではないでしょうか。

現在では著名な経営コンサルタントとして活躍されている方も、最初の出版では本が売れているように印象づけるため工夫を凝らしたというエピソードを聞いたことがあります。これは今の時代のように本を通販で買うようなことはなく、大抵は書店で買うしかない時代の話ですが、今後著者になろうという人はこの話から学ぶものがあります。

この方は、都市部にある大型書店で自分が出版した本の在庫すべてを一括購入しました。冊数でいえば3000冊。価格の詳細はわかりませんが、1冊1000円と考えても300万円の投資です。もちろん、それだけの数の本が一度に売れることはありませんから、その行動が功を奏しビジネス書の月間売上はトップになることができました。

出版した当時、この大型書店におけるビジネス書ランキングは有力視されていて、一般紙などでも記事に使われたりしていました。そのランキングで突如トップになったビジネス書を求め、さらに客はその本を買っていきました。そしてトップになったことを機にマスコミが取り上げはじめ、一般紙には数多くの書評が掲載されるようになっていったのです。３００万円の投資で、本はその後に売れ、さらに著者は出版をきっかけとしてビジネスで大きく成功を収めました。

出版した本の内容がどんなに面白くとも、著者にたぐいまれな文章力があったとしても、初めて出版した本で獲得できるファンは１０００人中数人くらいのものでしょう。先ほどの著者は、そうした実情も理解していたのではないでしょうか。たとえ自己投資であっても、ランキングのように書店で目立つようなポジションを獲得できれば、それが本を手にするきっかけになり、読者、そしてファンへとつながっていく。そうした将来的なイメージも浮かべながら、アクションを起こしていったのだと私は見ています。

「電子書籍」到来の期待感と現実

最近ではずいぶん沈静化しましたが、２０１０年は「電子書籍元年」とも言われ、出版業界だけでなく多くの人が「紙の本がなくなる」「書店に並ぶ本はすべて電子化される」と大騒ぎになりました。ベストセラー作家が電子書籍の会社を立ち上げたり、作家グループが電子書籍に対応したビジネスをしようと動いたりというニュースもありました。いまではこうした騒動自体が「何だったのだろう」と思えるくらい、とくに大きな影響や変化はありませんでしたが、出版業界においては歴史に残る大きな出来事でした。

　電子書籍の普及について騒動となったきっかけは、日本での iPad 発売が発端です。しかしもっと以前から、パソコンなど電子機器が普及しペーパーレス化の時代が来ると言われていました。私が代表を務めるブレインワークスでも、かつて社内のペーパーレス化を提唱しましたが、業務では逆に使う紙の量が多くなったこともあり、すぐに取りやめにしたことを覚えています。こうした事があった90年代には、すでにＰＤＦファイルも存在していましたし、小型の専用リーダーやブックプレーヤーのようなものも日本で発売されていました。こうした機器の性能は優れていましたが、どうしても紙に比べると読みづらい、反応が遅いという問題もあり、電子書籍はそれほど利用者が増えないだろうと思っていたのです。

　そうして静かに時が過ぎ、突如２０１０年になって電子書籍が話題となりました。先ほども書いた通り、きっかけは iPad です。日本よりも先行してタブレット型ＰＣが普及していたアメリカで電子書籍が普及し重宝されていることから、日本も同じようになると予測したのでしょう。日本よりもはるかに国土が広いアメリカでは、都市部を除けば書店がそれほどありません。本が読みたい人はiPadやKindleといったタブレット型の端末でデータをダウンロードして読むというスタイルが普及していたのです。また、重い本を持たなくていいという事で、日常から本を抱えていた法曹関係や理工系の学生に重宝されていました。こうしたアメリカでの普及ぶりに、日本でも機器とともに電子書籍が普及すると言われはじめ、その騒ぎが想像以上に大きくなっていきました。現実的には本というよりもマンガが電子書籍では売れています。これはiPadというよりは携帯電話でマンガを読む人がもっと以前から増えてきており、それが電子書籍の波に乗ってさらに利用者を増やしたからだといわれています。

こうした電子書籍の普及についても、出版業界の現状と関係しているように思います。先ほど書いた通り、出版物販売の売上高は減少しているものの、出版点数は増え、さらに統計ではカウントされていませんが、フリーペーパーやフリーマガジンもずいぶん出版されています。つまり、有料か無料かは別として、紙から情報を得ようという人間の行動は変わっていないのです。私は、建築士の資格をもっているのですが、同じ建築を仕事にしているクリエイターやデザイナーは、これほどデジタル化が進んでいる今でも、実物に触れること、アイデアを紙に書きとめることをつづけています。とくに思いついたアイデアは、紙に書かないとそれ以上発想が広がらないといいます。デジタルとアナログは、今後ますますその距離感が近づいていくといわれていますが、人間がフルに五感を生かしていくために、紙が不要になるということはないと考えています。

大きな期待と不安を背負って登場した電子書籍は、今やアプリや専用ソフトを簡単にダウンロードし読めるようになりました。テキストデータを電子書籍用に変換するソフトも安価で入手することができます。しかし、そうした時代が訪れたことで、登場前に感じていたような期待と不安はまったくの幻想で、本がなくなる心配は無用であることをはっきり理解しました。

ところで、電子書籍も本も大事なのはコンテンツです。いくら上手に電子や紙で本を作ったとしても、コンテンツがなければ活用もできません。ただ、これに性質の違いというものを補足しておきたいと思います。

本のように体裁を整えたのが電子書籍ですから、文字を追って読む分には同じです。しかし、電子書籍がコンテンツを網羅した「データ」であるのに対し、本はコンテンツを結集して分かりやすいよう表現を加え編集した「作品」であるということです。本には形があるし、重みがあるし、工夫があります。これに大きな意味があるのです。

例えば、人へのプレゼントはどちらがうれしいでしょうか。電子書籍であれば、リンク先が張り付いたメール本文のURLをクリックするか、このURLでブラウザを起動させるだけ。あとは自動的にダウンロードがはじまり、プレゼントが完結します。これが本だとどうでしょうか。プレゼントする相手へ、自分がそのまま手で持っていく人もいます。なかにはリボンをつけたり、手紙を添えたりする人もいるでしょう。また、プレゼントした相手からサインを求められたりするかもしれません。

電子書籍と比較した本の利点とは、そうしたリアルな物であるということに尽きるでしょう。そう考えれば、電子出版で本が売れないなどということは当てはまりません。

もちろん、電子書籍には数多くのメリットもあります。それは、重さがないということでしょうか。私自身は出張が多く、日本とアジアの国を絶えず行き来しています。２０１１年の年末も、ベトナムから日本へ飛び、７日に神戸、９日に東京でセミナー講演をしました。そしてまたベトナムに戻り仕事をしていました。渡航してビジネスに没頭していると、本を読む時間はほとんどありませんが、やはり「手元に本を置いておきたい」という時がありますそうした時にデータとして電子書籍があれば便利です。こうした環境の変化に応じた使い方こそが、大切だと思います。

既存の出版ビジネスの先にあるもの

「本を売る」というだけのビジネスを存続させるため、今までそのビジネスで利益を得てきた出版社・取次会社・書店は今、四方八方に手を尽くしています。しかし、今の時代はどうやったとしても本を作って売るだけで莫大な利益を得るという可能性は極めて低く、ビジネスモデル自体が限界に達していいます。それは著者であり、出版社を立ち上げた私の意見であり「だから新しいビジネスを創出していこう」というのが、本書で伝えたい事なのです。

詳細については第2章以降で書いていきますが、いくら本が売れないといっても出版するメリットは他にもたくさんあります。本を売って出版費用を回収しよう、利益を出そうという狭い範囲に固執するのではなく、もう少し広い視野を持って周辺を臨めば、より多くのメリットを享受することができ、かつ出版をきっかけとして大きくビジネスを伸ばすことができるのです。

私が初めて出版して以来わずか11年間ではありますが、その間に多くの人と出会い、その方と語り合う中で出版もご提案させていただきました。もちろん、はじめから出版ありきではありません。出会った方々をどう応援していくのか、一緒になってビジネスができるのかを考え、一つのツールとして出版を提案してきたのです。しかし、経験からいって本は「何度でもおいしい」といえるだけのメリットがありますし、それも比較的小さな投資で大きなリターンが得られます。このことを自分自身が体験しているということもあり、本を活用してビジネスを成長させていきませんか、という提案が多かったかも知れません。

本書は、定期的に開催する小規模なセミナーで話をさせていただいていた内容をまとめたものです。セミナーのテーマである「本を活用したビジネス」を多くの方々に提案したいと思い、発刊させていただきました。本書を読んでいただいて、私がセミナーで繰り返し言っている「何度でもおいしい」という本の魅力に、一人でも多くの方が気づいてくだされば、これ以上の喜びはありません。

第2章 「何度でも美味しい」本を活用したビジネス

本が売れるだけではない「出版するメリット」

第1章では、「本が売れること」だけがすべてになっている出版業界の現状とビジネスを成立させるカラクリ、そして私が初めて出版したときのことを例に、出版までの流れや仕組み、気づいた点などをまとめてきました。

今の出版ビジネスが限界にあるといっても、やはり本にはたくさんの魅力があり、出版するメリットが数多くあります。本は永久に残る作品であり、自分が築き上げたコンテンツだからです。この章ではまず、本が売れるということ以外の「出版するメリット」を挙げていきたいと思います。

図３　本を発刊するメリット

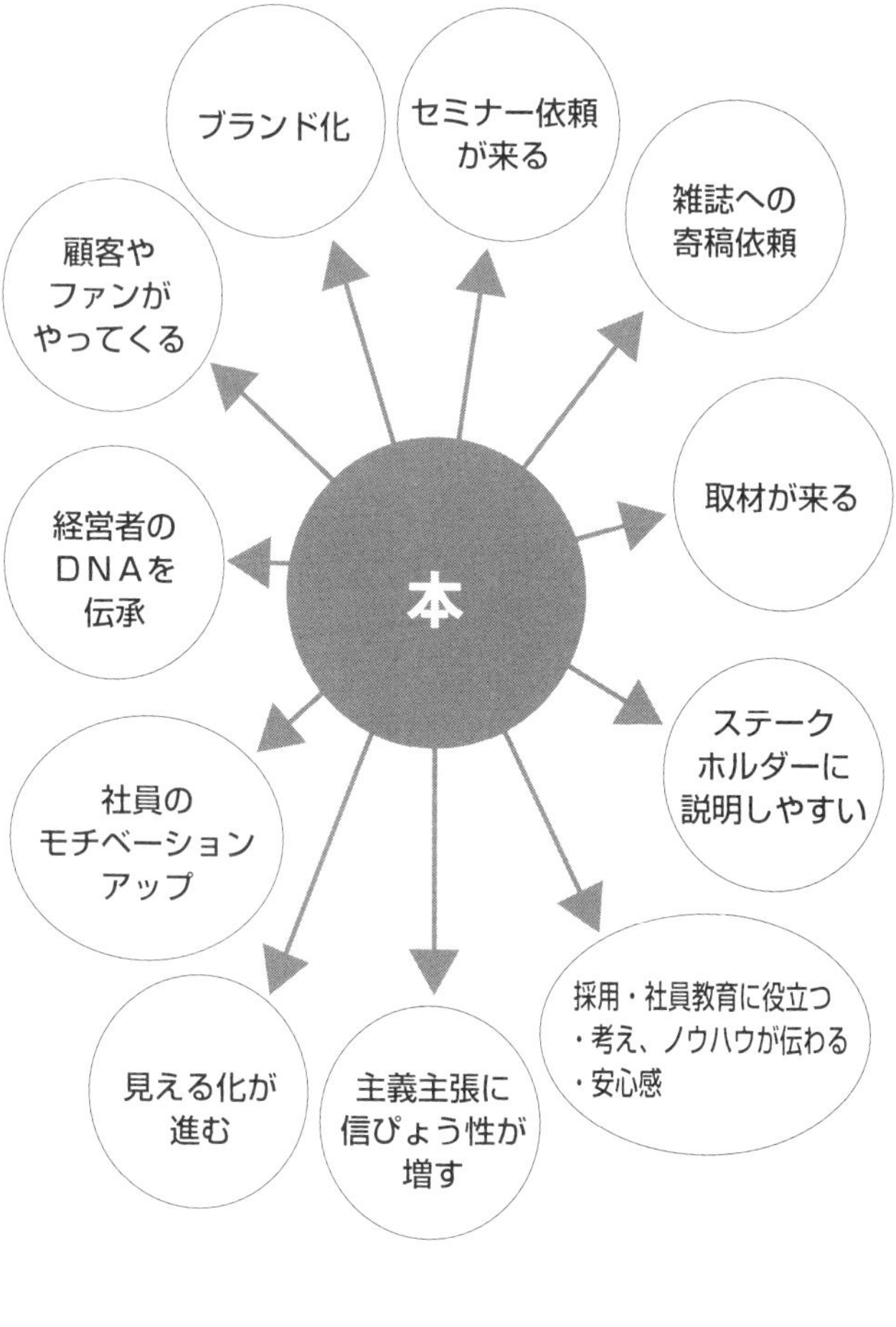
本
ブランド化
セミナー依頼が来る
雑誌への寄稿依頼
取材が来る
ステークホルダーに説明しやすい
採用・社員教育に役立つ
・考え、ノウハウが伝わる
・安心感
主義主張に信ぴょう性が増す
見える化が進む
社員のモチベーションアップ
経営者のＤＮＡを伝承
顧客やファンがやってくる

〈メリット1〉セミナーの依頼が来る！

本を出版してからの変化で、まず著者は「セミナー・講演会での講師依頼が増えた」という点を挙げます。セミナーや講演会を主催する側、またそれを聴講する側からすれば、特定の分野で専門的な知識を持っているとか、一般の方がとてもできないような事を体験した事があるといっても、それに関する本を出版している事実があれば格段に説得力が増します。やはり出版できる人は特別な存在感があるのです。

セミナー・講演会の主催者が講師を依頼する相手というのは、社会的に地位があったり、すでに有名人であったりする場合がほとんどです。そうした方のお名前がセミナーや講演会の案内チラシに書かれているだけで集客につながるというのも主催者側が希望するところであり、それに沿う講師をいつも探しています。どんなに話上手でも、人とは変わった着眼点や考え方を持っていたとしても、その人自身の名前で人を惹きつけるだけのものがなければ講演の依頼が来ることはないでしょう。その名前を社会にＰＲしていく第一歩が、出版といえます。

出版した本を購入した読者は、自分でお金を支払ったという事もあって何かしら著者の名前を覚えているものです。そうした人が講演するということになれば、読者の数だけ来場者が増える可能性を持っているということになるのです。自身で起業した経営者が、もし講師業も一つの事業として拡大させていきたいと考えるならば、講師依頼の増加を目的に出版するというケースも多いのではないでしょうか。

面白いことに、こうした講師業というものは１つの実績が次の仕事を生みます。「○○分くらい講演して、何人を集めた」という実績があるかないかは、講師を判断する重要なポイントです。講師にどんな肩書きがあろうが、その中身の詳細がどうであろうが、まずは話せるということが一番大事なのです。

本書ではこの後にも登場しますが、過去にホテルの経営再建を果たし現在は「日本のホスピタリティ・ブランディング」を国内外に提案しているコンサルタント・永末春美さんも、出版するたびにセミナーや講演会での講師依頼が増えていったお一人です。講演先の幅も広く、商工会議所や市民グループ・団体のほか、企業も大手から中小まで規模はさまざまです。3冊目の出版から2年ほど経ちますが、いまだに毎月数件のペースで講演をしています。もともと永末さんはカナリア書房がプロデュースした人物であり、ご活躍を大変嬉しく思っています。

〈メリット2〉取材・寄稿の依頼が増える!

メリット1と同様に、メディアが「話題性がある」と判断すれば取材の申し入れが出てきます。とくに一般紙は、市民の目線からまだ知られていない情報を取り上げる事を重視していますから、これから話題になる人をいつも探しています。本を出版してこれからセミナーなどでも講演するとなれば、十分話題性があるということで取材対象になるのです。

そうしてどこか1社が取り上げれば、他社も追随して取材し記事を掲載します。さらには紙面で掲載された記事がその会社のサイト、またニュースサイトなどで掲載されるとGoogleなどの検索エンジンで社名・著者名を検索した人が閲覧したり、関連性が深いとして自社サイトやFacebookなどもPV数が増えていく可能性をもっています。そうして話題性が目に見えるようになれば、問い合わせ件数も次第に増えていくのです。

また「本を出す＝文章が書ける」ということで、雑誌や専門紙への寄稿依頼も多くなります。私自身も出版がきっかけで、新聞・雑誌・専門誌など多種多様なメディアから取材を受けました。また書いた本の分野であるＩＴだけでなく、起業や会社経営、人材育成などの視点で寄稿を依頼されることも多くありました。日経ＢＰ社など専門的なサイトでも数多く寄稿しましたし、その寄稿がきっかけとなってさらに取材や寄稿は増えていきました。こうした掲載実績も講師と同じようなもので実績が実績を呼ぶという側面があり、次の仕事へとどんどんつながっていくのです。

〈メリット3〉採用・企業ＰＲにつながる／社員教育に役立つ

本を出版する時は、肩書きとして会社名やグループ、団体名を添えて表記することがあります。もちろん、これは著者が考えるブランディング戦略によるものであり、入れるかどうかは自由です。こうした肩書きを社会へＰＲする広告的な意図、また肩書きを入れることで本自体に箔がつき、価値を高めるような企業名・団体が肩書きとして表記できるのであれば、その方がメリットも大きくなります。

さて、最近の就職・転職活動というと専門サイトを閲覧して応募するケースがほとんどです。こうしたサイトは多くの企業が登録費用を支払ってページ開設し、さらに積極的な会社は高い費用を投じて広告出稿をします。学生は会社名を見ても、その会社がどんな業種で、具体的にはどういった事業をしているかはわかりませんし、そこを考えてエントリーする訳ではありません。ＣＭや広告で名前を聞いたことがあったり、またそのサイト内のページの雰囲気を基準にすることも多いようです。ですから、本来なら採用する側とされる側がコミュニケーションを取って選考を受けるかどうか決めていくべきですが、そういった具合にはいかないのが現実です。

学生の採用については、ブレインワークスも１シーズンで１０００人ほどが会社説明会に訪れます。これだけの人数になってしまうと、いかに効率的に選考を進めていくかが双方にとって重要になってきます。ですから、私も説明会で話をする時にはブレインワークスの本を読んでくるようにと暗に伝えています。本を読んでみて、私の考え方や会社として進んでいこうという方向性に合致するような学生が選考を受ければいいと思うのです。しかし実際に読んでくる学生の数は、説明会に参加する学生の数からするとはるかに少ない。それはともかくとして、会社として本を出すということは、その会社が事業を通して何をしようと考えているか、今後会社がどういった方向に進んでいこうとしているかを明確に伝えることができます。私たちも採用を目的として本を出してはいませんが、就職氷河期と呼ばれる今、こうした活用法に気づくことができました。こうした点も、本を出版するメリットの1つといえるでしょう。

　また企業PRという視点から見ても、本の優位性を挙げることができます。先ほど触れた就職サイトなどは、各社とも優秀な人材を得ようと登録する訳ですから広告出稿も積極的な会社が多いと思います。サイトを運営する側もビジネスですから、いろいろなスペースや効果を組み合わせて広告枠を用意するでしょう。しかし現実的には高い費用を投じても、広告を出稿する会社自体が多いので埋没してしまいます。またサイトによっては企業イメージを損なってしまうおそれもありますし、表示一つで印象が変わってしまうのもウェブ広告の弱点です。その点、本であれば書店のどこかに置かれている以上、ウェブのような埋もれ方はまずしません。さらに本はウェブと比べても価値が高く、イメージアップにつながることも考えられます。就職活動中の学生が本を読めば、その会社を受けたいと思うかも知れません。一般の方なら、自然とファンになってもらえる可能性もあります。結論的には、メディアの特性にあわせて複合的に広告戦略を展開することがベストです。しかし、多くの企業がそのメディアの１つに「出版」という選択肢があるということに気づいていないのです。

またこうした情報発信は社員教育にも役立ちます。会社としてのブランドや企業風土、経営者の魅力というものも大切ですが、顧客や取引先は社員を見て判断するということもあります。社長がどのような考えをもって事業展開しているか、何を大切に思っているのか、会社は今後どのような方向にシフトしていくのか、など会社にいるだけでは気づきにくい部分も、本を通じて再確認することができるのです。こうした事により社員の質や目的意識というものをさらに高める効果が期待できます。

〈メリット4〉ファン・顧客が向こうからやってくる！

最近ではこの言葉をあまり使わなくなりましたが、広告宣伝的に実現することを示したり、発言することを「アド・バルーンを上げる」といいます。

本は自分の意見の塊のようなものなので、出版するということはこのアド・バルーンを上げる事に通じます。そして、著者が直接会ったり、人間関係のつながりがない人でも、本を手にした方がファンになったり、自分が展開するビジネスの顧客としてつながっていくということが起こりはじめます。

例えばですが、新規のビジネスをこれから展開しようとする経営者がいたとします。顧客になりそうな１０００人の元へ足を運んで繰り返し同じ説明をしようとしても、相手が不在で話ができなかったり、話をしようとしても門前払いされたりすることもあるでしょう。また運良く話を聞いてくれたとしても、顧客になってくれる可能性はさらに低くなります。つまり自分からアクションを起こしても、ファンや顧客になってくる人はごくわずかなのです。

しかし、同じようにコストをかけて出版すればどうでしょうか。どれだけ本が売れ、その読者のうちどれくらいの割合がファンや顧客になってくれるかは未知数ですが、少なからず本について意見をいただいたり、賛同してくれる相手は見つかるものです。そうした人たちと話をしたり、足を運んで意見を交わしたりすることで効率良くビジネスを進めることができるのではないでしょうか。

実は、私の場合も1冊目の本を出した後に、意図せず向こうから顧客がやってきました。名前を言えば、誰でも知っている一部上場の大企業です。折しも、担当者が少し変わった考えの持ち主で「中小企業の目線からコンサルティングできる会社」を探していた時に、私の本を読んでいただいたということでした。この案件は数億円規模のものでしたから、少しばかり負担した出版の費用も瞬時に回収ができましたし、その何十倍ものリターンがあったのです。

こうしたビジネスチャンスは、魚釣りと同じではないでしょうか。初めて釣りをする時には「ビギナーズ・ラック」というものがあって、不思議と簡単に魚が釣れるのです。これに味をしめて二度、三度とつづけていくと、魚はなかなか釣れなくなります。しかし、こうしてじっと魚がかかるのを待つことが楽しく、釣り上げた感動は忘れられない体験となります。顧客が向こうからやって来るという幸運は、出版する度に起こることではありませんが、出す度に期待値は高まります。

〈メリット5〉働くモチベーションが向上する！

経営者は、組織を強くしていくため何度も社員に同じ話をすることがあります。すると、規模にもよりますが、会社というのは家族的なつながりという感覚もあって、親の立場である「社長」の言う事を、子どもの立場に当たる「社員」はなかなか聞かなくなっていくものです。家族なら、そうした関係性でも上手に日々を送ることはできますが、そこは会社ですから家族のよいにとって大きな損失になります。誤解があって辞められてしまっては、お互いにとって大きな損失になります。

こうした事を防ぐという意味でも、社長がメッセージを込めた本を出版しておく意味は大きいと思うのです。本を読んだ社員は「社長は皆に同じ事を言っているのだ」と素直に理解できます。社員なら、営業成績や社内のルール、さらには個人の行動まで、時には厳しく叱責されることもあるでしょう。こうした時に社員は「自分だけが厳しく言われている」と思いがちです。しかし、本にその事が書いてあったら、これは全員に言っているという事がわかり納得もできるのです。

誰しも社長という立場にならなければわからないものですが、社員には必要以上に心を砕いていたり、自分の意思をどう伝えるか悩んでいたりするものです。すべての社長が話し上手ということもありません。社長が努力して、社内で直接コミュニケーションを取ることはもちろん大切ですが、本という客観的なツールからコミュニケーションを取っていくという事も場合によっては最良の効果を生み出したりするのです。

また、この数年で個人が情報発信できるプラットフォームがいくつも誕生しました。数年前までは匿名で書き込みができる「2ちゃんねる」が社会的にも問題となりましたが、現在は「Twitter」や「Facebook」など実名登録か、それに近い形のものが流行しています。

こうしたものを使ってメッセージを発信する利用者も多く、その機会も時代が変化していく中で増えていくでしょう。時にはそういった書き込みや情報を信用してしまい疑心暗鬼に陥ってしまう事態も起こってくると思います。これについても、現在は「本はネット以上の信頼性をもっている」というイメージは根強く、第三者がいつでも手にできるという客観性もネットには代え難い存在です。社員はそういった本から社長の想いに触れ、さらに第三者がその本を評価するということになれば、会社として進むべき道の正しさも肯定できるのではないでしょうか。

こうした事は、社員一人が感じる心の問題かも知れませんが、それが多くの社員に広がっていくことは、間違いなく会社にとってプラスになります。

〈メリット6〉自身の主義・主張についての信ぴょう性が高まる！

情報の信ぴょう性という点では、よく比較されるのが「本」と「インターネット」です。情報の量だけを見ると圧倒的にインターネットに軍配が上がりますから、この情報をすべて無視するということはできませんが、質については誰もが疑問を感じています。例えば「ある国でこうした事件がありました」とインターネット上で流れても、そのニュースが本当だとはすぐに信用できませんし、画像があったとしても「それは加工しているのではないか」と疑ってしまいます。しかし、本であれば出版するという行為がフィルタとなり信ぴょう性が疑われることはまずありません。

本は一部の書籍などで著者がペンネームを使うようなことはありますが、ほぼすべてが実名です。情報が書いてある本は自費であろうがなかろうが出版社が発刊したものですし、書かれた情報は印字していますから、あとになって著者がいくら変更したいと思っても、書き換えができない前提で出版しています。この「いつまでも書き換えができずに残る」ということが、何より信ぴょう性を生み出しています。どんなに書いた本人や第三者が改変しようとしても、ネットのようにページを差し替えることはできないのです。

一方でインターネットは、改ざんが可能です。私はＩＴエンジニアとして働いていた時代もありましたのでこの辺の知識には精通していますが、改ざんしていないエビデンス（証拠）を取ることはＰＣ上では、ほぼ不可能です。データ上のタイムスタンプであっても変更できますし、まずＰＣ自体の日時がずれていればその時点で正確とはいえないのです。ＰＣの場合、プリントアウトした紙に自筆でサインをしてＰＤＦ化するといった事もできますが、この時に紙を使っていますから、やはり紙に信ぴょう性があるということになります。

こうして出版された本には、裏表紙に書籍コードが印刷されます。出版社やジャンル、価格もこのコードに含まれていて、取次会社がこれを管理し書店に配本しています。このコードがある本というのはすべて国立国会図書館に所蔵され、永久に保管されることになるのです。

ですから、どんな本であっても自分の主義・主張を書く以上は、永久にその責任を果たさなければなりません。もちろん、その主義・主張が変わってしまうこともあります。それでも出版する時点では永久に保管されるという事を自覚して書かなければなりません。自分が出す本だからといって、書きたいことを好きなように書けばいいというものではないのです。この点については、第4章に詳しく書いていきたいと思います。

〈メリット７〉「見える化」が実現する！

昨今の企業経営の重要なテーマのひとつに「見える化」が挙げられます。『数字の見える化』『顧客の見える化』『現場の見える化』『経営の見える化』など様々な取り組みがあります。実は出版は「見える化」に有効なのです。例えば、出版を考えるときは、何かを「社会に広め、多くの人に伝えたい」というメッセージ、自分と同じような立場の人や後世のために「自分の経験や考え方を書き残したい」という想いを著者は持っています。それを１冊にまとめていくとなると読者が理解できるような解説やエピソードもあわせて必要になります。

こうして自分の足跡を回顧したり、その想いに至った経緯を冷静に考えていくと、その時には「たいしたことではない」と気にも留めなかった事を思い出したり、何気ない思いつきが実は重要だったという事に気づいたりすることがあります。こうした忘れてしまいそうな事、見えない事が出版により「見える化」できるというのも大きなメリットといえます。ノウハウの伝承ということだけいえば、形式知と暗黙知があります。マニュアル化などが進み、誰が見ても理路整然に理解できることが理想でしょう。しかし、会社の中で行われる業務すべてがそううまく形式知化することができるものばかりではありません。成功や失敗の実例、業務改善のポイントなどどんな立場でも理解できるような解説が書かれているような客観的な展開があれば、その本で伝えたい要素の強みが引き出されます。つまり、出版のために原稿を書きとどめるという作業が、見えない部分を「見える化」し、情報共有の促進や客観性をもたせていくことにつながるのです。客観性のある本というものは、相手にもダイレクトに伝わります。それが、社員だけでなく取引先、顧客まで広がり、さらなるファンづくりに役立つのです。

〈メリット８〉「経営者のＤＮＡ」を後世に継承できる！

ゼロの状態から苦労を重ね、一代または二代かけて会社を大きくしてきた経営者は、今も昔も本を書きます。私は、いわゆる創業社長であれば、「１００人いれば１００人が本を出すと思っていい」と社内で言い切っているほどです。

でも、私が経営するブレインワークスで出会う社長さんに「本を書きませんか?」と切り出しても、初めから「書きます」という返事がもらえる事はほとんどありません。中小企業を経営している、いわゆるコテコテの創業社長は、どんなにご自身が苦労されていても自分から自慢されるようなことはありません。まず相手に関わらず敬意をはらい「まだまだ自分は…」と謙遜されてきたからこそ今日の成功があります。さらに「本を出版する＝世間で目立つ」というイメージも、出版をためらわせる大きな要因です。

でも、そういった経営者こそ、「必ず成功してみせる」という情熱を燃やし続けていますし「自分で築いた」という自負も胸の奥に持っています。さらに、その方にしか経験できないような思い出・エピソードもあるでしょう。出版する側からすれば、それだけでも十分に1冊の本にできる内容です。ですから、当初はご自身から出版することを考えていなくても二代目、三代目の方や社員の方が協力してくださって、実現したケースも多くあります。

こうした経営者の方の出版では、「DNAを継承する」ことができるというのも大きなメリットです。経営者からすれば当たり前の事であったり、わざわざ書くまでの事ではないと思ったりされるのですが、実は「こういった努力があったからこそ事業が拡大した」、「成功の陰にはこうした苦労があった」、「誰にも知られていないが、こんな想いで事業をやってきた」という事を確実に伝えることが経営・事業継承にとっても非常に重要なのです。また会社が万一危機に直面しても、以前にどう乗り越えたのかという事実を知っていれば心強いものです。でも、そうは言っても経営者同士が親子や血縁関係にあれば、お互い恥ずかしさもあります。しかし、次代へ後継していく経営者にとっては、会社が二度と同じ失敗を繰り返さないようにとなにか残さなければなりません。そこで、豪華絢爛な社史を制作するケースも多いようです。しかし、社史はあくまで社史です。それよりも想いや感情を移入することができる本の制作をおすすめするのです。

仮に、現時点で興味や関心がない後継者が、いざ会社を経営するという事になっても本があれば安心です。また現実的な問題として、経営者が突然の病や事故に遭った場合にも「想いを文字にする」ことでＤＮＡは後世へ受け継いでいくことができます。生々しい自分たちの現場、生き様を描いた1冊の本は作品であり、出版することで永久に形として残すことができます。言い方は悪いかも知れませんが、最期には棺桶へ入れることもできるのです。

これは電子書籍にはできない、本だけの特性でもあります。

ここまで8つのメリットを取り上げましたが、他にも挙げればキリがないほど多くのメリットが存在します。これほども可能性を秘めた出版というものを「本が売れない」というだけで活用しないのは、ビジネスをする上でとても大きな損失だと考えます。本は何度でも美味しいのです。本を活用して、次なるビジネスを大きく開花させた永末春美さん、またこれまで何冊も出版してきた経験を生かし、新たなステージに立つ服部英彦さんについて、次項で紹介していきたいと思います。

図４　本は何度でも美味しい

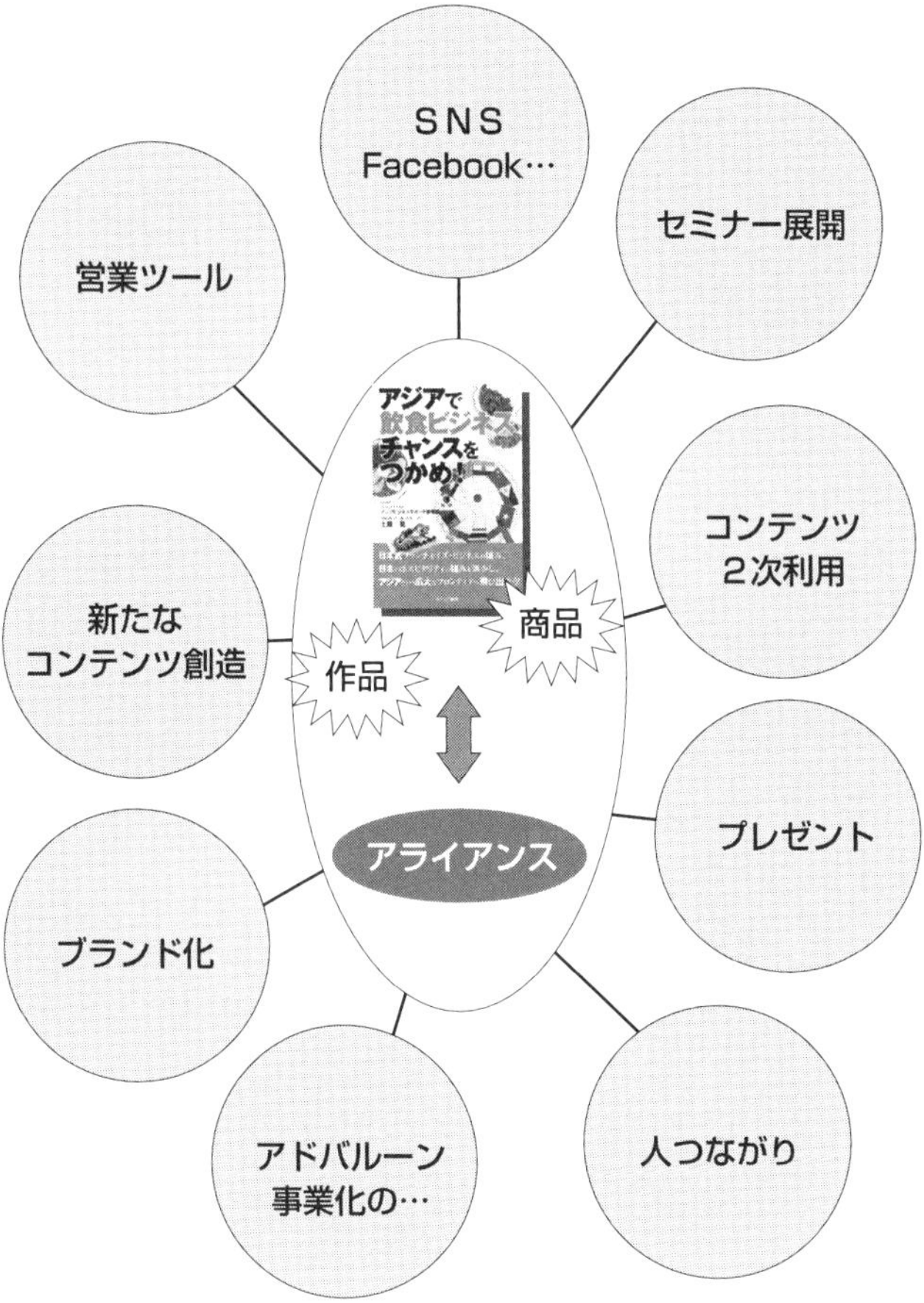

出版で人をプロデュースする　～永末春美さん～

私が出版についてセミナー等で講演する時、必ずお話させていただくのが『プロデュース』という視点です。２００３年にカナリア書房を立ち上げてちょうど1年ほど経ったころに、私は彼女に出会いました。お話をしているうちに、何よりもビジネスへの意欲を感じました。彼女の成功ストーリーをいかに描いていこうかと考えているうちに「本を通じて人をプロデュースすることができる」ということを実感したのです。

永末春美さんは、豪華客船の運営会社や保険の営業等を経験した後、偶然見つけたホテルの副支配人（のちに支配人）の求人に応募をし、そのホテルを再建したというめずらしい経歴をお持ちです。ホテルの支配人といえば、長年にわたり従業員として働いたホテルマンが一生かかってようやくなれるかどうかというものでしょうが、永末さんは新規開業したホテルで働いたわずかな期間の経験だけをもとに、果敢に挑戦されました。もちろん経験が浅いということで現場においてはスタッフとの信頼関係を築くことに苦労されるのですが、その努力が実り見事にホテルは復活。その後しばらく期間を置いた後に有名老舗ホテルの総支配人を務め、現在はホテルのコンサルティング、ホスピタリティ・ブランディングを事業に掲げ会社を設立しています。

カナリア書房では、永末さんが奮闘されたホテルの経営再建をテーマにした出版をお手伝いしました。１つの成功ストーリーを描くために、ある面では体系的にまとめ、またある面では突然ひらめいたアイデアをもとにして書いてもらい、何とか1冊に仕上げました。それが「小さなホテルの女性支配人が書いた 情熱と感動の仕事術」（永末春美著　２００５年刊）という本で、永末さんはこの後にも2冊を発刊させていただきました。

前章では出版のメリットについていくつか触れましたが、驚くべきことに永末さんは出版する度にセミナーへの講演依頼が増えていきました。本の売れ行きよりも、講師の依頼に対しての反響が大きかったのです。その効果は3冊目の出版から2年を経た今も続いていて、ベトナムなどのアジアでも日本のホスピタリティについて講演しています。人をプロデュースして、さらに2冊目、3冊目と出版していく毎にビジネスでの成長を喜び合う。こうした感動も、本を出版したからこそ感じられることです。

出版した本にビジネスストーリーを描く　～服部英彦さん～

新しい出版ビジネスを語る上で、もう一人ご紹介したいのが服部英彦さんです。この方は大手広告代理店に長年勤められ、現在は人材育成や採用に関するコンサルティング事業の会社を興されています。27年間にわたる営業経験をもとに、これまで何冊も本を出版されていて、私が初めてお会いした時点でも20冊ほどの本を出版していました。

服部さんがこれまで出版されてきたのは、営業ノウハウをまとめた本やキャリアプランに関する本が中心でした。そして私がお会いした頃は、次のビジネスの方向性について、いろいろ考えられていた時期でした。その頃よく伺っていたのは「人から人へ、つながりの中でビジネスを生み出して拡大していくようにしたい」という話で、これまでのようにノウハウ本や成功事例を本に書くのではなく、ビジネスドラマというか、ストーリーのような形で本にしていきたいと言われていました。

私たちがアジアに着眼点を置いて事業展開をしているということで、服部さんともアジアビジネスについては刺激をし合うような間柄で懇意にさせていただいています。そんな服部さんは、上海で出会った女性起業家・拝会氏の半生を描かれるということで、カナリア書房から出版いただきました。拝会氏はアーチインターナショナルという会社を経営し、社名の通り上海・蘇州と日本との架け橋になるような仕事をされています。マーケティング力の高さは中国で多くの方が評価をしていて、今後の展開が非常に期待される方です。

服部さんはこの出会いから「こういう閉塞感のある時代だからこそ、アジアの中で活躍している人にフォーカスし、自分もプロデュースしていきたい」と、拝会氏の事をノンフィクションの形で描き、1冊の本にまとめていくことになりました。

そうして、カナリア書房から「紅いベンチャー　蓮の華　咲くように明日咲かせたい～中国マーケット成功仕掛人　拝　会　実録物語」（服部英彦著・2011年）という本を出版。この本をもとに、服部さんと拝氏で研修プログラムを提案するビジネスも展開しています。さらに拝氏の本も、いずれはカナリア書房から出版しようということになっています。

服部さんのようにすでに何十冊と本を出版している人でさえ、本を売るだけのビジネスは考えられていません。本を活用して新たなビジネスを展開しているのです。少し視点を変えるだけで、本がもつ可能性はさらに広がる。それは服部さんの行動に裏付けられていると思います。

メリットを引き出す出版社の役目

本を出版するメリット、そして本を活用して大きくビジネスの幅を広げられたお二人の例から、一つわかることがあります。それは「出版社」という存在です。

本を出版するには、著者とその原稿、原稿をページに流しこむオペレーター、印刷会社、そして書店があれば可能ではあります。電子書籍だけであれば、専用ソフトを使えば簡単にデータが作成でき、専門サイトなどで発表すれば無料で書籍という形にすることができます。実際に同人誌や個人の作品集として数十冊だけ印刷し、自分で配ったり販売したりする著者、またそういった本ばかりを集めて販売するような書店も日本に数軒だけですが存在していて、著者自身が書店の方と交渉して置かせてもらうそうです。しかし、こういった形態はごくわずかであり、本を作ったということが知られることはありません。

考えてみていただければと思いますが、出版社を通さず自分で出版したところでどれくらいの価値があるでしょうか。お金と時間、知識があればどんな作品でも出版できます。これは中身を見るまでわかりませんから、読者から信頼を得るというのは難しいといえるでしょう。つまり「出版社が発刊する」という行動が、信頼できるかどうかを判断する一つのフィルタになっているのです。最近では出版社側も会社存続をかけて色々な事を考えていますから、その良し悪しはあります。また同じ出版社でも、ネームバリューや規模の大小もあります。それでも出版社から本を発刊するということで、付加価値がついてくるのです。

一度も出版をしたことがないという人は、出版社から声がかかること自体がめずらしいので「出版社を選ぶ」という感覚はあまり持てないと思います。自費出版の場合でも、出版社は版元の責任がありますから、自分の書く原稿のテーマや表現が公序良俗に反する場合、社会的に問題となりそうな場合は出版を差し控えます。お金を払えば自由に出版できるという事はないのです。

その上で出版できるという判断になった原稿は、次のステップとして「よりわかりやすく」「より面白い」ように表現方法を修正するよう編集者から著者へ伝えられます。さらに、そして本が売りやすいようなプロモーションを踏まえて内容が付け加えられたり、一部変更されたりすることもあります。この辺は、ある意味「言われるがまま」に従うしかないところもあります。例えば、印刷部数も「〇万冊くらいでしょうか」と言われれば、そうですねと答えるしかありません。プロモーションも「こういったメディアに広告を出さないといけない」と言われて、何千万という費用がかかってしまうという話も聞いています。こうなると著者にとっては大変な負担です。一方、出版のプロが自分の原稿を選んだという優越感、きちんと文章を校正し世に出ていくという安心感、また出版社が費用負担をする場合は若干のお得感があります。

現在、日本には4000社近い出版社があります。公表しているかどうかは会社によりますが、やはり出版社には得意とするジャンルや流通・販売の方法など、それぞれがノウハウを持っています。ですから、第2章のはじめに取り上げた出版のメリットを十分引き出せる出版社もあれば、そうでない出版社もあります。先ほども書いたように、プロモーションが得意な出版社なら何千万というコストがかかりますが、逆に著者が求めなければプロモーションをかけない会社もあるのです。

そうした点も知った上で出版した方が良いのは当然ですが、見極めるのが難しいかも知れません。唯一の方法というものはありませんが、実際に出版した著者がどう成功しているか、そしてどう思っているのかが大事だと思います。カナリア書房では、これまで２００冊以上の書籍を世に送り出してきました。もちろん、すべての著者が満足しているとは言い切れません。しかしカナリア書房、またブレインワークスの各グループ会社のノウハウを生かしていただいて、アジアでのビジネスを成長させたり、自社の付加価値を今まで以上に高めたりした方もたくさんいらっしゃいます。私が持っている感覚ですが、こうした成功例を見ていますので、本はビジネスに使えるものと確信しています。

第3章　ブレインワークスグループの情報発信の取り組み

カナリア書房の誕生とスタンス

今から11年前に初めて本を出版した私（近藤）は、その後も数冊の本を出版しました。先ほど出版のメリットのところでも例として書かせていただきましたが、本を出版したことがきっかけで大口の仕事をいただいたり、専門サイトへの寄稿をしたりと、いろいろ恩恵を受けながら、とにかく夢中になって事業に取り組んでいました。

そうして2003年、いろいろな御縁もあってカナリア書房を立ち上げることになったのです。それまで私自身が本を出版していた経験を持ち、編集経験者を呼び寄せてスタートをきりました。現在は著者の1人である佐々木が経験者として代表取締役に就いています。

カナリア書房という社名は、鳥のカナリアが由来です。アフリカのカナリア諸島で野生化していたところを、人間がペットとして飼うようになり世界中で生息するようになりました。

このカナリア、かつてガス検知器がなかった時代には、炭鉱夫がかごに入れて持ち歩いていたそうです。万一有毒なガスが発生した場合には、カナリアが察知し鳴くという能力を持っています。ですから、炭鉱夫たちの命を守るのがカナリアの役目となりました。そうした事もあって「カナリア＝警鐘を鳴らす」という意味で今日も知られているのです。

私はこの警鐘という意味から、時代に警鐘を鳴らしゆく存在でありたいという想いに立ち、カナリアの名を冠した社名に決めました。私たちを取り巻く情報はあまりに膨大で、その真偽すらもわからない現代。そのなかで私たちはできるだけ正しい情報を伝えていきたいと思ったからでした。

本書でも冒頭から詳しく書きましたが、出版業界は完全な斜陽業界です。日本は人口が減っていくため、今後はあらゆる業界が先細りするといわれていますが、出版業界ではかなり前から「本を読む人が少なくなった」と言っていて、すでに現在はどうしようもない状況に陥っています。

そうした厳しい環境下にあることは、自分で事業を興そうとされるような方ならご存知でしょうから、今になって出版社を立ち上げる人はいません。私も一個人だけで会社をやっているなら、とっくにやめています。今から出版社をやろうという人はそれくらいの体力と覚悟が必要です。

しかし、私としては、出版ビジネスで利益を出すということに少しは自信がありました。それまでに私も何冊か出版していましたので、やり方によって売れるという確信のようなものがあったのです。上手に事業展開すれば本を売るだけでも儲かると思って、著名な方に原稿を書いてもらって出版したこともあります。

またそれ以上に、売れようが売れまいがシリーズ化して出版したいものがいくつかありました。自分としては将来的なビジネス性があるから出版したいと思っているのですが、これを他社に依頼したところで、出版可能なハードルは相当の高さです。まず「1冊目が売れてからシリーズ化を考える」と言われるのがオチですし、こちらが意図するようなプロモーションもできません。そうした事もカナリア書房を設立した理由の一つです。現在シリーズ化して発刊しているアジアビジネス関連シリーズやアジアでの教育テキスト「ヒューマンブランドシリーズ」がこれに当たります。

さて、こうして出版事業をはじめたカナリア書房でしたが、現実的にはなかなか本が売れません。ちょうどそうした最初の壁にぶち当たっている時に、永末春美さんと出会ったのでした。

この永末さんとの出会いから、出版による人のプロデュースという視点を大切にしてきました。世間では健康ブームがつづいていますし、ダイエット本のように出版すればある程度売れそうなタイトルを扱おうとも考えました。しかし、流行に乗ったようなものを扱ってもその先のビジネスへとつながっていかなければ、ただ本を売るだけのものになってしまいます。

また、中小の出版社の中には、抽選で何人という形で募集をかけ、出版社が全面バックアップして一般の方を有名人にプロデュースするような企画出版をしているところもあります。社会には「本を出してスターになりたい」という人がたくさんいるからです。しかし、こういった企画出版もカナリア書房のスタンスとは合いませんし、そういう人たちを売り出すことをあまり得意になりたくないと思っています。本を書かれる人が、たぐいまれなセンスをお持ちなら話は変わってきますが、○○賞を受賞するというような大ブレイクは狙っていないのです。

それよりも私は、ビジネスというフィールドのなかで、ご自身や周囲が気づいていなくても、面白いと思える方と出会えることを願っています。出版をきっかけに事業の成長があったり、新しいビジネスを生んでいくというようなノウハウが生まれることを重視しています。そうした本は、著者とその本が一体化しているのです。タレントをプロデュースしていくこととは少し違い、私たちは出版を通じた事業のプロデュースを得意としています。

出版のフィールドはアジアへ

私が代表を務めるブレインワークスでもそうですが、日本の企業はアジアという存在を無視することはできませんし、とくに中小企業はアジアへどんどん飛び出していくべきだと考えています。封建的な部分や複雑なしがらみが残っている日本には見切りをつけ、はるかに将来的な成長が期待できるアジアへと飛び出して起業している方も、すでに数えきれないほどいます。これまでは製造業が中心でしたが、いまやサービス業、飲食業、そして農業も活躍する舞台はアジアです。それは出版業界も同じで「本を出すならアジアに行こう。」とキャッチフレーズのように声をかけたりもしています。

私はブレインワークスの代表として多くの本を書き、またカナリア書房で出版をしてきました。とくにアジア関連の書籍は現時点で50冊くらい出していいます。これは今後も継続していこうと考えています。それはブレインワークスとして「アジアのコンテンツを扱わせたら№1」というブランドにしたいからです。

経済も外交も、日本におけるアジアの存在感はますます大きくなってきています。それでもアジアの本というとあまり売れません。私たちも先日はじめてミャンマーに赴きましたが、距離としても日本からずいぶん離れており、日本人にとってはまだまだ未開の地であるということを率直に感じました。しかし、私自身はミャンマーにも必ず将来的なニーズがあるということを確信し、4年前からミャンマービジネスに関する本も出版してきました。この「4年前から」という事自体に価値があり、さらにそのコンテンツの価値も高めることになっていくのです。

ただ声を上げるだけではダメです。5年ほど前には実際にベトナムで本を作ってみました。もちろん、私も初めてベトナムで出版したわけですし、ほかにこんな事を思いつく日本人はいませんから、本当に面白いと思うビジネスアイデアがいくつも浮かび、大変刺激的な取り組みでした

とくに出版してみて印象的だったのは、本を出すという事に対して多くの共通点があったということです。日本・中国・ベトナム・インドネシアそれぞれの国に住む人は、文化も風習もまったく違います。当然話す言語も違いますし、識字率だって大きな差があるのも事実です。しかし、皆が自分のノウハウを人に伝えたい、PRしたいという願望をもっているということと、そうした情報を受け取りたいというニーズが共通していたのです。

こうした事もあり、2011年11月にはホーチミンにカナリア書房のアンテナショップをオープンさせました。ベトナムには日本語の本を専門的に置く書店がないということで試験的に設置したのですが、これが現地で好評をいただいています。2012年の今、本を作る、そして本を売る潜在ニーズはベトナムにあります。そう考えれば、日本の出版不況はどこ吹く風といったところでしょうか。

日本がかつて高度経済成長期を迎えたのが、いまから40〜50年前です。その頃の水準から比較をすれば、アジアの国々はちょうどその高度経済成長か、その少し先あたりの時期でしょう。中国とインドネシア、ベトナムはそれぞれ時間軸も違いますが、かつての日本がそうであったように、今後も確実に経済は発展し人もモノもお金も動いていくのです。ここに着眼すれば、情報を伝播していく手段は必要なわけで、出版ビジネスについても大きな可能性を秘めているといえます。

そして、これも2011年の話ですが、ブレインワークスとして「Japan Style Magazine」という冊子（マガジン）をつくりました。これは日本の既存コンテンツを翻訳したものではなく、完全にオリジナルです。表記もすべてベトナム語で日本に関するさまざまなトレンド情報を掲載しています。

日本とベトナムの関係は、他のアジアの国々と比べてもまだ相手のことをよく知らない状態です。日本のファンというベトナム人も多くいて、日本の文化やエンターテイメントなどいろいろな事に興味を持ってくれているのですが、日本を知るイベントやツールというものがなく、インターネットだけが情報を入手する手段でした。そのため私は、こうした方々の事、そして将来的なニーズも考えて商標登録しマガジンを制作したのです。

日本車や日本のメーカーが作った家電など、メイド・イン・ジャパンの商品が高品質であることは世界が認めています。しかし、日本人がもつ物の考え方や見方、マネジメント力。またエンターテイメント分野、美容・アンチエイジングの分野など、日本が世界に誇れるものはまだまだたくさんあります。これをどうやって伝えていくかを考え、マガジンという形態で発行することを選びました。

日本では今、定期購読者と広告主の減少により雑誌の休刊が相次いでいます。しかしそうは言っても、日本にはどの街にもコンビニエンスストアがあり、そこには必ず雑誌が並んでいます。ベトナムにおいても雑誌はたくさんの種類が発行されていて、コンテンツとしても非常に好感触です。今回発刊したマガジンも、新しいアジアビジネスの構想を練るきっかけ、またアジアをよく知る日本企業として付加価値を高めていくための1つのツールでありたいと考えています。

さて、こうした出版の話を世界感覚で捉えると、日本人は驚きますが情報統制というのものがいつも背中合わせです。アジア地域でも中国、ベトナム、北朝鮮、シンガポールなどで情報統制が行われています。あらゆる出版物は検閲をクリアしてから初めて印刷することができます。

今回発行した「Japan Style Magazine」も無事に検閲をクリアして発行することができました。さすがに検閲といっても、日本人が好んで食べる「しゃぶしゃぶ」の記事やJ‐POPなどの音楽情報を規制するような事はありません。しかし、出版物を発行するということは、こうした検閲のある国ではとくにステータスがあり、ビジネスをする上でも高い信頼につながります。

そう考えてみると、日本国内の出版事情はとても穏やかであり、とても簡単に出版することが可能です。ですから、アジア情報について詳しく書いている本が日本にもう少しあってもいいような気がしています。しかし、そんな情報を扱える出版社は他にありませんし、誰がどんな情報を求めているか、何を知っていて何を知らないかということを把握している人はいないでしょう。だからこそ、ブレインワークスそしてカナリア書房の存在が光るのです。

先ほども触れましたが、日本はアジア市場を相手にしなければ未来はありません。これは製造や小売だけではなく、私たちが書籍化したテーマである「農業」「飲食」も同じです。それは誰の目にも明らかですが、だからといって細かで具体的な現地の情報は誰も知りません。「ホーチミンやジャカルタで日本食が流行する兆しがありますよ」とか「カンボジアでは寿司店を開業しようと考える人が多い」という情報も、現地ではすぐ知り得る情報なのに、日本人はほとんど知らないのです。カナリア書房では、こうした優位性をアド・バルーン代わりにしようと思っています。

情報発信にこだわり続けた10年

ここでは私たちブレインワークスが創業以来取り組んできた情報発信の事例を紹介していきましょう。その取り組みの中にはマガジンの発行、ウェブの活用などさまざまなチャレンジがありますが、中でも書籍の活用は大きな割合を占めている、重要な情報発信戦略のひとつといえます。

もともと、わが社ブレインワークスは、創業以来『情報』というものを重要な経営資源のひとつとして認識して、活動を続けてきました。今では、企業の経営資源といえば、『ヒト・モノ・カネ・ジョウホウ』と呼ばれるほど、ポピュラーな存在となっていますが、私どもが会社を設立した約20年前は、そのような存在ではありませんでした。まだ、インターネットも一般的ではなかった時代。雑誌や書籍は巷に溢れていましたが、現代のように情報が湯水のように溢れているということはありませんでした。その中で、私たちは、創業期から『情報共有』『情報感度』というキーワードを元に、情報の大切さを実感してきました。例えば、営業情報ひとつとってみても、わが社では過去からの顧客との接点情報を蓄積し続けてきています。言うは易しですが、十数年蓄積してくると膨大な情報量になります。なぜ、このようなことをしてきたかというと、ひとつの情報をあらゆる角度から見ていくと、違うものが見えてくるという事象を数多く経験してきたからです。１人の営業パーソンからの情報を他の人物が見ると、違う発想や考え方が浮かび上がります。同時に、蓄積された情報は、未来に起こるべく事象に対するノウハウを含んでいます。10年以上も前の顧客との接点情報を蓄積していることを他の方に伝えると、一様に「凄い」と驚かれますが、私たちとしては、これが重要な経営資産として位置づけてきましたので、逆にこれを無くして事業活動を進められないものとして考えています。

一方、外部に対する情報発信というと、正直、創業期は力不足の点もあり、なかなか機会に恵まれませんでした。しかし、処女作「だから中小企業のIT化は失敗する」という書籍を発刊した際には、その情報発信の力の大きさを改めて再認識しました。その効果については先述したとおりです。そこからセミナー、寄稿、ホームページという手段を通じて、自らの考え方や提供するサービスの理念などを発信することに力を注ぎ始めたのです。

情報誌の発刊で外部発信力を強化

2000年以降のわが社は、まさに情報発信をし続けた10年といえます。その発信手段はさまざまです。先ほども述べたように起点は「だから中小企

図5　当社の書籍活用ストーリー

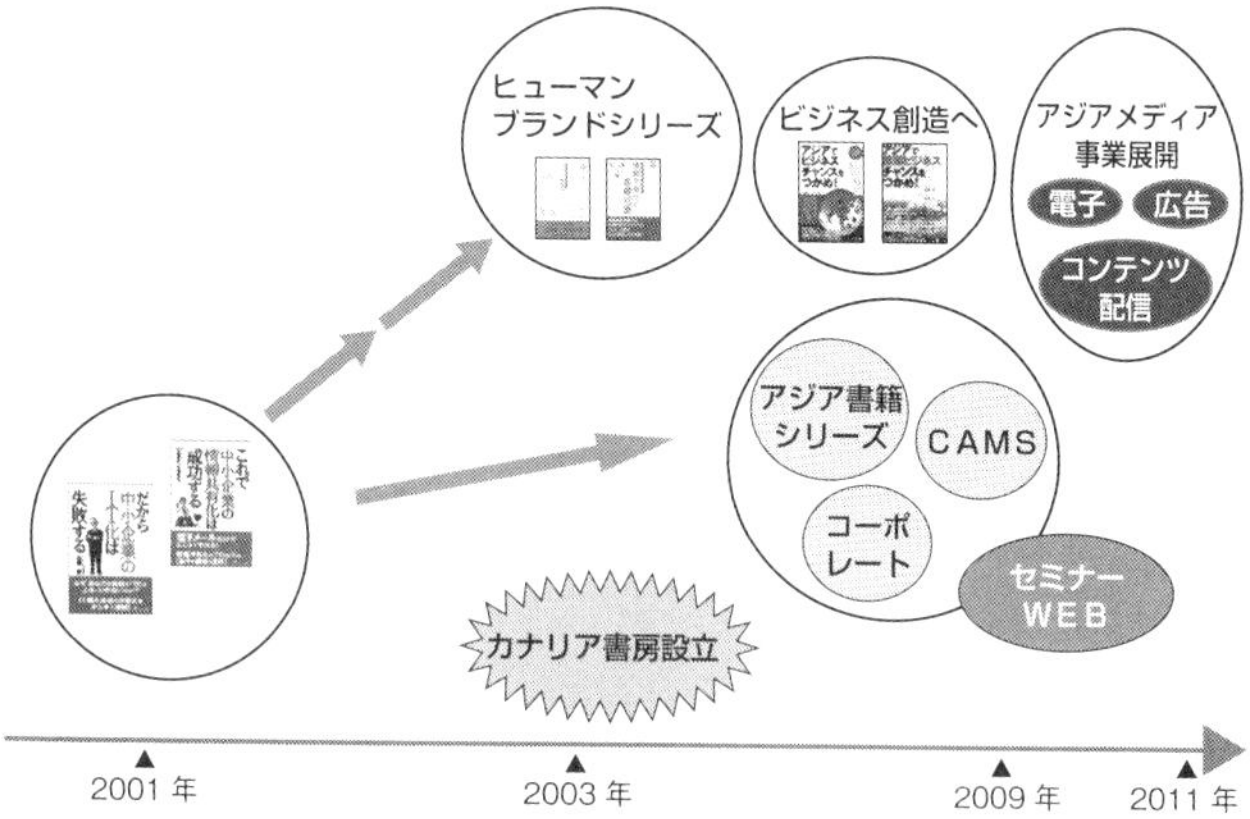

業のIT化は失敗する」の発刊にあります。ただし、それ以前からも経営者セミナーなどを開催し、情報発信していました。本格化したのが、同書の発刊以後というわけです。

書籍発刊により、営業受注が舞い込み、雑誌のへの寄稿が増え、全国でセミナーを開催するに至ります。さらに、そこから自社広報誌「ブレインナビ」を発刊します。私どもの経営に対するスタンスを明確に述べる場であると同時に、取引先のお客様をご紹介する場でもありました。お客様とのリレーション強化に、この「ブレインナビ」が大きく貢献しました。続いて、カナリア書房という出版社の立ち上げを支援し、グループ会社として出版機能を整備します。今までは外部の出版社から書籍を数冊発刊していましたが、この機能を持てば、タイミングよく書籍を出版し、世間に訴えることができるようになります。しかし、それに伴い、情報発信はコストが掛かることも忘れてはなりません。今でも「よくここまで本を発刊できますね……」と他人から驚かれます。これには2つの意味があり、ひとつは『よくそんな時間を作れるね』という意味と、『よくそんなお金を掛けられますね』という意味を含んでいるようです。先述したように、わが社は創業時から情報の重要性を実感してきました。そういう業態でもあります。だからこそ、ここまで時間とお金をかけてまででも、発信し続けることにこだわってきたのです。

その他にも、情報発信の試みはあります。自社媒体としてアジアビジネス情報誌である『Sailing Master』の創刊です。こちらはフリーマガジン形式であり、全国さまざまな場所と人々を対象に発刊を続けています。2006

年に発刊し、もうすでに5年の歳月が経ちます。アジアビジネス情報という当時はニッチな素材を扱っていたこともあり、周りの方々からも理解してもらうのに多少時間を要しましたが、今では私たちにとって極めて重要な情報発信媒体となっています。この雑誌は日本だけでなく、私たちが拠点を構えるベトナムにおいても多くの方々に読まれています。そこからさまざまな問い合わせがあり、本業のビジネスに大きな貢献をもたらしています。そして、時代はまさに、アジアの時代に突入しています。この雑誌の発刊を先に仕掛けていたからこそ、多くのパートナーと出会うことができ、私たちのアジア展開をスムーズにしてくれています。

２００９年には経営情報誌である『ＴＡＺＵＮＡ』を創刊。こちらは日本国内の取引先を中心に経営情報を発信しています。私たちが中小企業の経営支援の現場で見聞してきた勘所をタイムリーにお伝えしたいという想いから出来上がった情報誌です。こちらも、私たちの理念、考え方をストレートに伝えることのできる重要な戦略媒体として位置づけています。

先を見据えた書籍の発刊

すでに紹介しましたが、とくに新社会人やサービス業で働く方に向けて発刊している「ヒューマンブランドシリーズ」も、これまで13冊ほどを定期的に出版してきました。

日本では新社会人が入社する毎年春ごろに、いくつかの出版社が新社会人向けのマナー本を発刊します。こうした本を上司や人事担当者が買って新人教育に使ったり、そのまま新入社員に渡したりします。こういった本とジャンルが重なるため、カナリア書房の本は棚差し（他の本と同じく背ラベルを見せて書棚に置く）で並べられ、埋もれてしまいます。

しかし、ベトナムではまったく事情が違います。カナリア書房ではこの本をベトナム語に訳して出版しているのですが、現地では日本人のマナーを学べる唯一の本として認知されていて、よく売れるのです。もちろん、ここでも本を売って儲けようとは思っていませんから、日本での定価が1000円前後ですが、あくまでベトナムの相場にあわせて200円ほどで販売しています。

「なぜこのような本を出版するのか？」と聞かれることがあります。ベトナムで売れるといっても利益が出ないのではないか。しかし、それは単に本を売るというだけの視点であり、現在だけの視点です。私は長期的なビジネスと捉えているから、ベトナムでもシリーズ化して出版するのです。

ベトナムでは、今は日本の事はそれほど知られていません。しかし20年、30年と時が経つにつれて、日本人の発想やマネジメントについての考え方、ホスピタリティというものが必要とされる時代がきます。そして世界にも広がっていくことを確信しているのです。でもその時になって、ベトナム人には知られていない日本の出版社がにわかに本を出したところで、まず信頼もされませんし売れません。「時を重ねる」「時を待つ」ということが大切なのです。

同じ例としては、アジアの国々にある企業ガイドの出版も挙げられます。例えば、日本で働いているビジネスパーソンを100人集めて、「ホーチミンにある会社の要覧が欲しい人」がいるかと聞くと、せいぜい1人か2人くらいが手を挙げるくらいでしょう。一般的な出版社で、書店に流通させるまでの費用を回収するには3000冊くらいの実売が必要ですから、こうした希少価値のある本を出版することはできません。

長期的な視点で物を売るといっても、もちろん利益も大切です。しかし、今後予測されるアジアの発展から考えれば、出版は非常に安い投資で高いリターンを生む可能性を持っているのです。その時を見据えて事業展開していくことで、信頼が生まれ、じわじわとファンが増えていくと確信しています。

ビジネスに結びついた成功例

アジア展開を積極的に進めるわが社では、アジアビジネス関連書籍の著者になることが多くあります。カナリア書房からもすでにかなりの数のアジアビジネス関連書籍を発刊しています。私たちが現地で取材をしたベトナムの有力企業を紹介した書籍などもあります。その中でも、2009年に発刊した『アジアでビジネスチャンスをつかめ！』（近藤昇・佐々木紀行）は、私たちにとってエポックメーキングな作品となりました。中小企業がアジア展開をする上で、必要な準備、考え方、私たちの経験をまとめた1冊です。内容は……かなりシビアなことも書かせてもらいました。そのおかげか、「共感した。会いたい」という多くの反響をいただきました。

2010年には、「アジアで農業ビジネスチャンスをつかめ！」（近藤昇・畦地裕著）という本を出版し、ここからビジネスを進めていくきっかけづくりとしました。かつて経済成長期にあった日本ではエビでタイを釣り、そのタイでクジラを釣るようなビジネスの発展を誰もが夢見ていましたし、そうした目標に向けて熱く生きていました。現在では、そういった話を日本では聞かなくなりましたが、アジアではまだまだこうした話が飛び交う素地があります。そして、このアジアでの農業ビジネスも、クジラが釣れそうなくらい現実味のある話になってきました。本書が出版され、読者の方々の手元に届いているころには、また新しい展開になっていることを想像すると、楽しみでなりません。

そもそも農業といえば、日本国内で完結するものと考えている人がほとんどだと思います。めずらしい種類の農作物を除けば、「海外産＝安いから売れる」という方程式がイメージとして消費者の頭にあり、わざわざ海外で農業をするメリットが考えられないからです。

しかし私たちの主張というのは、日本の製造業、小売業、飲食業がこぞってアジアに進出しているのだから、農業だって出ていったらいいじゃないかという意見です。

とくに農業については、日本ではＴＰＰ（環太平洋経済連携協定）に参加するか否かが２０１１年には話題となりました。ＴＰＰ参加の反対派は「日本の農家を守らなければならない」と言いますが、それは「日本の農家を強くしなければならない」ということであり、同時にアジアでも力を発揮できるような農家を育成していかねばならないということが本音ではないでしょうか。もはや日本以外の国で農業ビジネスをしない理由はありません。だから自信をもって農業をテーマにすることに決めたのです。

出版業界では、つい一昨年あたりに「農業ブーム」が起こりましたが、それとは関係ありません。私自身が農家の出身であるということ、そしてベトナムで成功を収めた経営者たちが口をそろえて「次は農業に挑戦したい」というのです。

立場に関わらず、みなさん「農業が大切」ということはわかっています。ただ、国と経営者の考えが違っているのです。まともな経営者なら、十分ビジネスとして成り立つし、それが社会貢献だと思っています。そんな経営者を後押ししようと思い切って出版しました。とはいえ、出版するにもお金がかかります。せっかくの機会を無駄にしないよう、販売後のマーケティングもいろいろ考えました。そこで一計を案じたのが、私の知人を巻き込むことでした。彼を巻き込むことで、本に箔がつくようにしたかったのです。

私の知人で、畦地さんという方がいらっしゃいます。現在は三菱UFJリサーチ&コンサルティングにお勤めですが、前職は農耕機器の世界ブランド・ヤンマーで仕事をされていました。その経歴がちょうど本のコンセプトとマッチするということもあり、共著という形で結実したのです。

出版してみると、さまざまな意見をもった仲間が集まってきました。セミナーをすると意外にも人が集まり、当初は「アジアで農業？」という感覚だった参加者たちも現実的にアジアで農業を事業展開する道を考え始めました。もちろん、手厳しい意見もいただきました。

この本の出版は、絶妙なタイミングでもありました。ちょうどＴＰＰに日本が参加するかどうかの議論が起こり始める直前に出版したということもあり、多くのメディアや関係省庁から「ぜひお話を聞かせて欲しい」という問い合わせが寄せられました。これを、これまでのように農業ビジネスが成功してから出版していれば、こうしたインパクトのある話題もなかったのです。これは偶然でしたが、出版というものも、ビジネスを拡大させていく一つとして、最適なタイミングにぶつけていくことも大切だということが、この事例から学ぶことができます。

前項の「アド・バルーンを上げる」という言葉を使えば、私たちは「アジアで農業」というバルーンを上げてスタートさせました。本を出版し、セミナーを定期的に開催。参加した農家・ゆくゆくは農家をやっていきたいと考える方たち同士が交流するようになり、やがてベトナムへの農業視察ツアーもはじまりました。経済産業省も支援に向けた動きをはじめており、いよいよ具体的に進出していく直前を迎えています。こうしたケースも出版における成功モデルの一つであり、いよいよ形になるところまできています。

２０１１年には「アジアで飲食ビジネスチャンスをつかめ！」（ブレインワークス・土屋晃）を上梓。こちらも反響が大きく、ベトナムやインドネシアの視察の問い合わせが随分とありました。今後も、「アジアビジネスチャンスシリーズ」はターゲットとなる業界を見据えて発刊を予定しています。

これらの本の発刊により、さまざまな問い合わせをいただきました。そして、多くのパートナー企業と出会うことができ、その方々と今でもビジネスの現場で切磋琢磨しています。これからも、人材教育やアジアというテーマだけでなく、幅広いテーマで書籍の発刊を継続していく予定です。

私たちは情報を発信することで多くの機会と出会いをいただきました。まさに、〝天は自ら発信する者を助く〟であると実感しています。

図6　アジアアグリビジネス事業展開

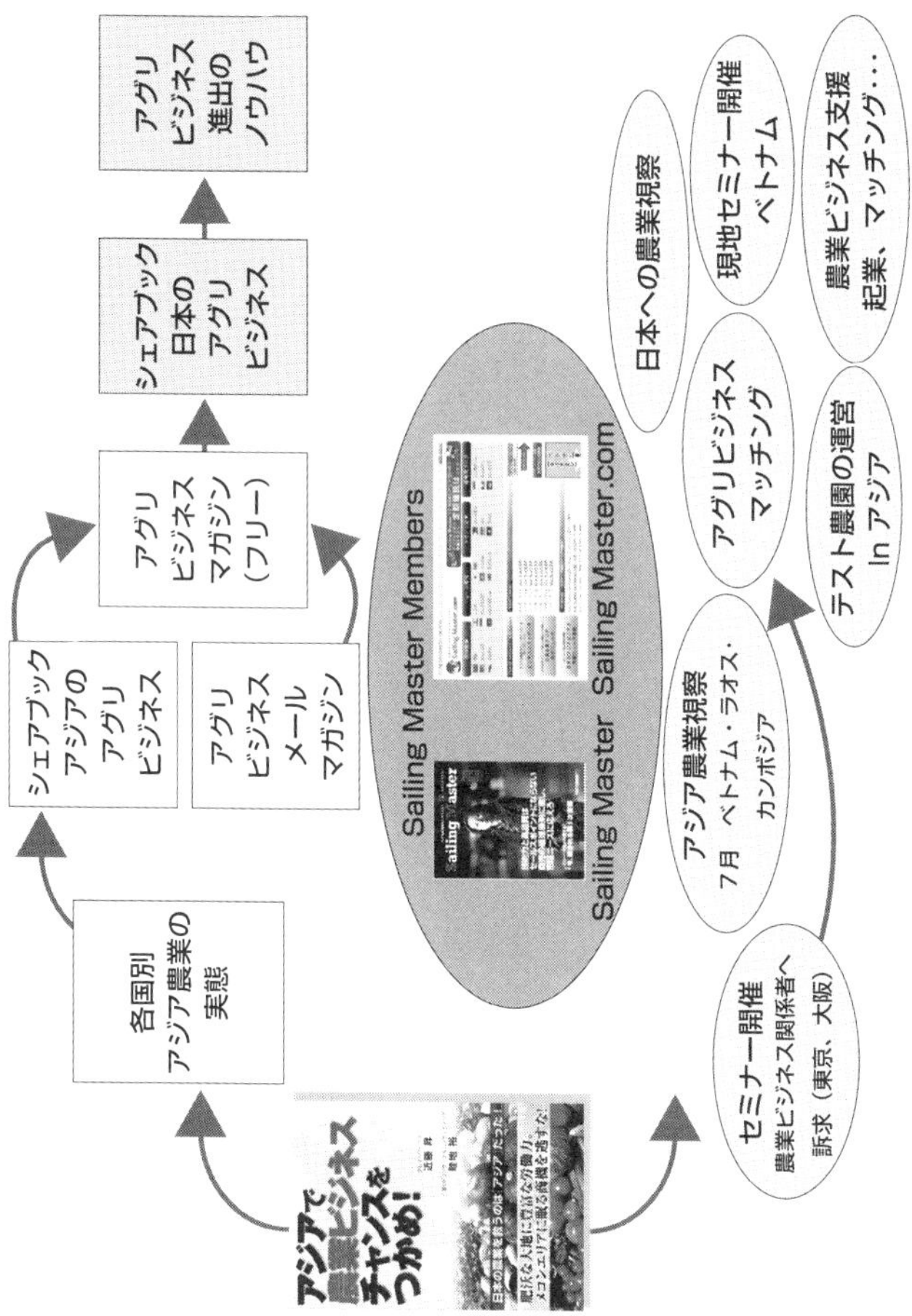

第４章　ビジネスに活用できる本の作り方

提案したい「新しい出版ビジネス」

第1章では出版業界の現状、また私自身がはじめて出版した時の体験をまとめさせていただきました。「本がいかに売れないかということを伝えたい」という想いからです。そして第2章では、本が売れるという事以外のメリットを挙げさせていただき、さらに第3章では本を活用したビジネスの事例、カナリア書房のスタンスについても書かせていただきました。

この第4章では、「ビジネスに活用できる本」という事を前提にして、私が考えている新しい出版ビジネスの提案とともに、本をどうやって作っていくか、また情報というものをどう捉えていくかについて書いていきたいと思います。

私たちが今考えている新しい出版ビジネスとは、「無料で本を配る」というものです。ただし、これには乗り越えなければならない課題がたくさんあります。無料で配るということは書籍コードの取得をどうするかという事がありますし、そうなると国立国会図書館で所蔵してもらうこともできなくなります。ただ、もうすでに書店でどれくらい売れたとか、Amazonで何位になったとか、ベストセラーであるかどうかということにあまり価値がなくなってきていますから、そうした事にコストをかけるのではなく、直接的にファンのもとへ本を届けた方が効果的だと考えます。その方が本を売って得た利益の何十倍もリターンがあると思うのです。実は現在弊社の広報担当の山中が、新入社員の頃この私の構想を聞き、「価値のある本を無料で配るのは悲しいです」と漏らしたこともありました。この新しい出版ビジネスを実現させるには、まだまだ他にも課題がありますが、出版業界における一つの戦略として確立していきたいと思っています。

第1章でも引用させていただいた全国出版協会　出版科学研究所のデータ

によると、2010年は約7万4000点の新刊が出版されました。一日当たりにすると200点以上になります。新刊があふれる書店で、訪れたお客さまに偶然見つけてもらう確率を上げようとすることも、面白味はあります。しかし、偶然見つけてもらうのを待ち、見つけてもらえなければ返本されてしまうという受動的な形ではなく、もっと能動的にやる方法はないものかと考えてきたのです。

例えば、本を出版する前から自分のファンとつながりを持っておいて、出版すればそのファンに本をプレゼントする。また、この本を手にしたいと思っている人、こういうジャンルなら興味を持ってもらえるかも知れないという人に配るということも考えられます。これがせまい範囲であれば、自分ですべての本を購入して配本するという方法もあるでしょう。しかし、この範囲を広げてより多くの人がファンになるような仕組みを作りたい。そう考えています。

また本をビジネスで活用しようと考える人にとっては、すでに本は会社のカタログと同じ感覚で出版をしていて、書店に置かず伝票だけを動かして決済します。つまり、実際に店頭で購入しているわけではないが、それを「した」ことにして、本自体を無料で配るということも一般的に行われています。一人でも多くの人に自分のビジネスを伝えたいと考えた時、自分一人では限界があります。新たに営業スタッフを雇い入れても間違いなく伝わるよう研修する必要があります。そのコストを計算すると１冊の本にまとめた方が効率的ということもあるからです。今でも営業に来ることがありますが、事務所に置くコピー機や通信機器の飛び込み営業であれば、それぞれが同じことを説明しなくても相手をその気にして契約が取れるということはあるでしょう。しかし、雇い入れたスタッフ全員に等しく知識を覚えさせたとしても、そのスタッフの気分やその時の状況によって使う言葉が変わってしまいます。これが本であれば、伝えたい意図も明確にできますし、相手も言葉によって誤解をしてしまうことがなくなります。あふれる情報の中、いかに限られた情報を信用してもらうかが大切な時代。だからこそ、本という形にすることが大きな意味合いをもつようになります。

こうした新しいビジネスを提案しながらも、やはり書店で偶発的にその本と人が出会い、衝動的に買ってくれる人がいるという方が面白いとも思っています。人のつながりも広がりますし、その方と新たにビジネスができるようになれば本当に楽しいのではないか。だからそういう世界も一部は残そうとも考えています。その上で、やはり本は著者が読んで欲しいと思う人に届き、読んでもらうことが一番だと思っています。

そのため、新しい出版ビジネスには、ソーシャルメディアとの連携が不可欠です。私は1つのものだけに特化することを好みません。ですから、流行としてはFacebookが注目されますが、Twitter、LinkedIn、Google＋にも目を向けています。具体的な活用方法としては、一冊ごとにFacebookページを作ることもできるでしょう。例えば出版候補の本をページに表示させて、「いいね！」ボタンが押されたカウントが１０００を超えれば出版するという展開も考えられます。Twitterであれば、他のＳＮＳと連携させてのツイート、また１４０文字という限られた文字数でできることを考えていくのも面白いと思っています。LinkedIn はまだ日本でのユーザー数はわずかですが、世界的には１３０カ国以上で使われているという点、ビジネス要素が強いＳＮＳであるという特徴があり日本版のリリースが心待ちにされています。Google ＋は検索エンジン Google との親和性の高さ、また今後の技術革新も非常に注目されるところです。こうしたＳＮＳの特長を知り、それを最大限に活用していくことも、新しい出版ビジネスには不可欠な要素であるといえるでしょう。またカナリア書房のサイトでも、いろいろな仕掛けを考えています。インターネット通販で本を販売するとしても、もっと読者の顔がわかるような形にすれば、さらに新たなコンテンツが生まれるのではないかと考えています。

「本を書く」とは「コンテンツを作る」こと

少しでも出版を考えているという方は、「こういった事を書こう！」とある程度自分で決めた内容を大抵はイメージされています。最近では自分でブログを開設し、自分の考えや意見をまとめている方も多いので、1冊目に関しては問題なく進行できます。しかし、そういったイメージがあるにも関わらず、具体的な中身が浮かんでこない方、はっきりと覚えていない方も少なからずいます。また、どこかで聞いたことがあるような事を並べただけという方もいるのが現実です。また、1冊目は何年も構想を練っているので問題なく進められても、2冊目以降はそのハードルが一気に上がります。1冊目との違いを出すことも必要ですし、本の内容を蓄積する期間も1冊目よりは短くなってしまう事が多いからです。

そもそも、本を書いていく上でどのような発想や行動が必要なのでしょうか。本とはあまり関係がなさそうですが「わた菓子」を例にイメージしていきたいと思います。

最近ではわた菓子自体を目にする機会がずいぶん少なくなりました。一昔前には縁日や神社のお祭りへ出かければ、必ず1つくらいはわた菓子を売る屋台があったものです。ざらめの焦げるにおいが漂う屋台には、おやじや若いお兄ちゃんが機械に割りばしを突っ込んで器用に手元を動かすと、みるみるうちにわた菓子が大きくなっていく。そんな光景がとても不思議でした。

機械に割りばしを1本入れれば、どんどん大きくなっていくわた菓子。これが本を書いていく作業です。ここでいう割りばしは本の中身、つまりコンテンツです。ここがしっかりしていなければ、わた菓子を作っている途中に割りばしが折れてしまいます。そしてこの割りばしは、オリジナルであることが理想的です。割りばしを誰が機械に突っ込んでもわた菓子はできます。

でも、その割りばしくらいは自分で握っておこうというのが私の想いです。

オリジナルのコンテンツを作るといっても、現代は世界のすみずみまでネットワークが広がっていますし、本当にオリジナルかどうかわかりません。自分が「ひらめいた」、「アイデアが浮かんだ」といっても、よく考えてみれば誰かが言っていたことを忘れていただけということもありえます。

私は以前、「人間はなぜ存在するのか」という質問に、「宇宙が寂しいから人間を作った」と返答しました。宇宙からすれば、人間が星を見上げたり望遠鏡を覗いたりしなければ、その存在自体が無意味で寂しいと感じるだろうと逸話的に話したのです。それを60代くらいの方と話していると、その方が「誰かから聞いたことがある話だ」と言いはじめ、わざわざそれが書かれてあるという本を取り出してきました。

私自身はその本の内容を知らなかったので、話をするまではオリジナルです。でも本の内容をよく確認して同じであれば、オリジナルではなくなってしまうかも知れません。こうした事が起こることは十分に想定できます。だからといってオリジナルかどうかをすべて調べ尽くすことは現実的に不可能です。大事なことは私がどういう体験や考えから、その結論を出したかということ。ビジネス書の分野では、しょっちゅう同じ事を書いているように見えますが、それぞれが体験したり学んだりして書いているからオリジナルであり、そうでなければ出版できません。似ていても同じではないのです。

アイデアを作り出すということは「まったくの無の状態から生み出す」ということではありません。ジェームス・W・ヤングの「アイデアのつくりかた」（阪急コミュニケーションズ）をご存知でしょうか？　この本でヤングはアイデアが作られる過程をわかりやすく説明しています。「すでに世の中にあるものを組み合わせても立派なアイデアになる」と述べています。つまり、何かしら世の中に存在している考え方や出来事、事例などを組み合わせて「自分の言葉」として集めていく作業こそがアイデアを作り出すということなのです。ですから、アイデアを作るためには日常的に情報や自分の考えをメモしておくことが重要です。そうやってでき上がったオリジナリティあ

図7　コンテンツの創り方

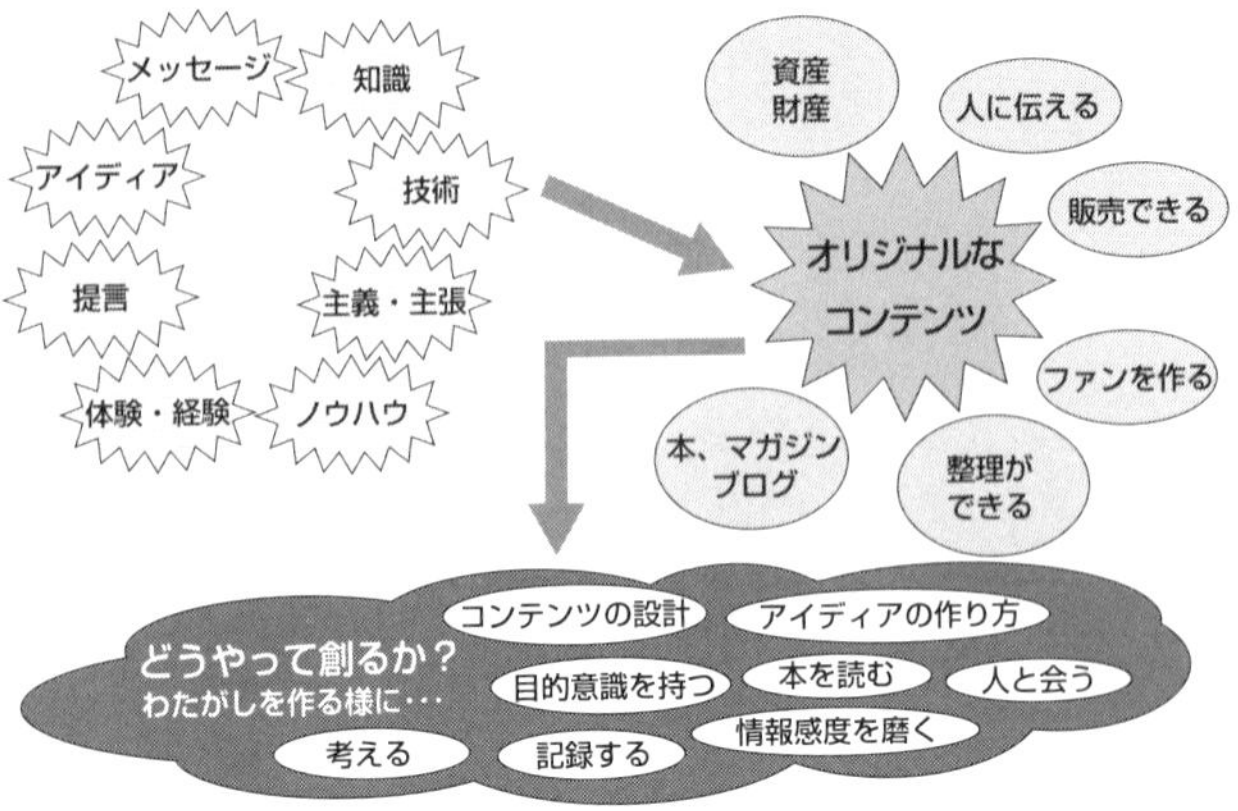

ふれる言葉や考え、視点が内容の核に入っていれば、あとはそれをどう表現するだけですから、あとはライターの力を借りても、友達に聞いても構いません。自分が本で「伝えたいことは何か」ということを、まず自分の言葉で明確にすることが大切なのです。

ちなみに私は、1冊目の本で「システムの前に、人ありき」という言葉を帯（発刊する本の表紙カバーの上から、帯のように付けている部分）に書いています。これは本のなかにも出てきます。ITといっても、結局使っている人に力がなければ、活用しきれないということです。これは第一章でも触れましたが、私は初めて出版した本から何度となくこの事を書いています。

思いついたタイトルこそ、自分が伝えたいメッセージ

さて、コンテンツという割りばしを機械に入れて、最初に綿状のざらめが絡まれば、あとはどんどん大きくなっていきます。このざらめはコンテンツに絡まるエピソードや経験であり、ビジネスそのものという方もいると思います。こうしてわた菓子と同じように、本の原稿を書き進めていくことができるのです。

こうして大きくなったわた菓子を見つめながら、先にタイトルを決めてし

まうのも近道です。もちろん、最新の出版状況やトレンド、内容との整合性をふまえ編集者が判断して変わってくることもありますが、ほとんどは著者自身が一番初めに思いついたタイトルこそ、その本の中身を表しています。だからこそ、そこをしっかり決めておかなければ、いつまで経っても内容がブレつづけます。

例えば、以前カナリア書房から発刊した「アジアで農業ビジネスチャンスをつかめ！」（近藤昇・畦地裕著、２０１０年）は、タイトル通りアジアで農業ビジネスのチャンスをつかんで欲しいという想いからタイトルにもってきました。こうしたことを考えつくような人もいませんから、タイトルが他の本と被る心配もありません。一番はじめの段階から、たとえ仮決定でもタイトルを決めておくことが大切なのです。

このタイトルというものは、時代ごとに流行というものがあります。ここ数年では「～しなさい！」とか「○歳までに～しておきたい」というものでしょうか。また「これで～に成功する」というタイトルの本も増えています。

「成功する」と言われれば、確かにタイトルから説得力が出ます。書店に置いていても目に飛び込んできそうな言葉です。しかし、これはあくまでもタイトルです。「日本一うまい！」と看板にかかげているラーメン屋が本当に日本一うまいかは定かではありません。本のタイトルも同じで、「これはあくまで（読者を惹きつける）タイトルです」と言っても、割り切ることができず過剰に期待してしまう人が増えているのです。ここには「個人差がある」とか「他社も同じように失敗している」という言い訳や逃げ道は存在しません。そうした事を注意するどころか「その方が売れるから」と著者に提案する編集者も世の中にはいます。しかし、本書ではあえて注意をしておきたいと思います。

なぜそこまで言及するかというと、これは私自身の経験だからです。私は以前に「これで中小企業の『情報共有化』は成功する」（２００１年、オーエス出版）」という本を書きました。企業の規模に関わらず企業には共有すべき情報が膨大にあって、中小企業ではすべての情報を常に共有しておくのは難しい。しかし、お客様のクレーム1つでも、担当者レベルではなく営業、現場にいるスタッフ、技術関連の部署に至るまで全社的に共有し、生かしていこうという内容でした。もちろんタイトルは買う側を惹きつけるという事も考えての決定でしたが、やはり後々になってしっぺ返しというか、クレームが出たこともありました。こうしたタイトルを使っていた時はわからなかったのですが、いま考えてみれば「成功」という言葉はまずかったと思っています。

これに関連して考えてみたいのが、ダイエット本の安定的な売れ行きです。なぜダイエットに関する本はいつの時代も変わらず売れるのでしょうか。これは俗説的な話として耳にしている方もいるかもしれませんが、ダイエット本は過去にダイエットできなかったり、リバウンドをしてしまったりした人が買うからだといわれます。同じテーマの本を出版するといっても、出版社によって内容や目的は異なります。カナリア書房では、何度も失敗を繰り返してしまうようなダイエット本は出版しません。確かに何度も同じテーマの本が売れることで簡単に出版社側は利益を得られます。しかし、社会のために役立つかといえば、そうとはいえません。ダイエットは本を読んだ上で実践することが何より大切ですから、100％本を読めば成功するという保証はできません。しかし、少なくともダイエットが続かないような内容を回避することは、出版社の立場でもできることです。

一方、これは良い方向での安定した売れ行きとして、一種ファンのような読者層が存在するテーマ、キーワードというものもあります。占いやスピリチュアル系の本、また女性であれば「美」というキーワードがあるかどうかで売れ行きが変わるといわれます。結局のところ、ちょっとしたポイントを踏まえているかどうかです。しかし、だからといって他の本に類似した内容やすでに取り上げられた内容ばかりを盛り込むことはNGです。それならば視点や書き手の立場を変えてみるというのも1つの手ではないでしょうか。例えばダイエットの本なら、失敗談をまとめるのではなく「なぜ本を読むダイエットは失敗するのか」というように、少し目線の違う内容を書くこともできます。

ただ単に売れるためといって、ブームに乗っかったようなテーマ設定や内容にしてもうまくいくとは思えません。自分というブランドを出版でどう売り出していくのか。出版した本をどう活用するのか。読者にどのようなメッセージを発信していくのか。そうしたものが明確な著者をプロデュースする方が、出版する側としてもイメージしやすく、最大限に出版の効果を発揮できると思います。

さて、タイトルを決めた後は項目を決めていきます。本でいうと目次に当たるものです。この項目を考えるうち、より面白味をふくらませるためにつけたキャッチや見出しが、意外と帯に出てきたりします。

情報をマメに記録する大切さ

　こうして、ある程度の方向性や主となるコンテンツが決まってくると、あとは時間とともに蓄積していく部分もありますから、それを逃さないようにマメに記録をし、定期的に整理をすることになります。仕事をしていく上で気づいたこと、目に飛び込んできたキャッチコピーなど、コンテンツに関連がありそうなものをメモをする繰り返しです。

　そうはいっても、忙しい毎日で起こったことを記録していく作業こそ、なかなかできるものではありません。個人で違いはあるでしょうが、経営者が新しい事業プランやビジネスになりそうなきっかけを思いつくタイミングは「自分が心地良いと感じている時」。家や書斎でくつろいでいるときならまだしも、ゴルフをしている時や温泉につかっているとき、音楽を聞いているときかも知れません。普段から、「自分はこういうタイミングにひらめいたりする」とわかっている人は、必ずメモを用意しています。たまにボイスレコーダーを持ち歩いている人もいますが、手を使って書くということは、次の発想へとゆたかに広がっていく大切な作業でもありますから、私は書くことを薦めています。

記録をしない、思いついたことを書き留めないということは、結局のところ夢のようにしか捉えていません。朝、目が覚めれば夢はほぼ忘れる。だから、いざコンテンツを考えようとしても、具体的なことや面白い着目点を盛り込めないまま作ることしかできないのです。とにかくマメに記録すること。これが重要です。

これは私が実践していることですが、Twitterをメモ代わりに使っています。通常メモは自分だけが見るものですから、何を書こうが自由です。忘れないように、簡略化して書いていることもあります。しかしTwitterは公開が原則ですから、この部分を踏まえて入力しなければなりません。客観性も必要です。ですが、こうした形でメモを取るということも非常に面白さがあります。

こういう形で準備を進め、情報を蓄積して本にするという一連の流れを実践して出版すると、また次へ次へと出版を繰り返したくなります。これが出版の面白味かも知れません。

ここで、私が最初の本を書いたときに出版コンサルタントから言われたことを書いておきたいと思います。それは「10冊は本を書きなさい」というひとこと。ちょうど私が今度出すこの本が10冊目ですが、この言葉の意味がようやく分かった気がしています。

誰もが初めて本を書くときには、好き勝手に書いていたり、感覚が良くても表現が乏しかったりすることもあります。逆におっかなびっくりしながら書く方もいるでしょう。もちろん、出版する前には編集者が原稿を校正しますし、私も1冊目のときは編集長にボロクソに言われました。そういうところを補うには、10冊くらい書く経験が必要だということです。

また、この時にあわせて「短期間に本をたくさん出さないこと」もアドバイスを受けました。私はフィーリングで書いていますから、テーマもさまざまです。過去の話だけを書いていくなら、問題はありません。

しかし、今やっていることを書き始めるとなれば話は別です。本も書き手の人間も同じようなもので、どんなに苦労しても、苦しい経験をしたとしても、例えば3歳でゴルフをはじめた子どもが、5歳には石川遼のようなプロには絶対になれない。そんな短期間でプロになるような話では、信ぴょう性が疑われても仕方ないでしょう。

それなのに、出版した本が売れ筋ともなれば、編集者はどんどんテーマを変えて本を書かせる。出版社に踊らされてしまうのです。

数年前、1冊目の本が大ヒットした有名女性アナリストは、3冊目までは良かったのに、4冊目で多くのファンを失いました。内容とともに、「そんなに短期間で本当に経験したのか」と疑われてしまったのです。こうした著者は昔も今もたくさんいます。しかし皆、３年も経てばヘトヘトになっていきます。期間や出版する点数は自分で決めることですが、「何のために本を書き出版するのか」ということを考えて進めていくべきではないでしょうか。

本を書くのに文章力は必要か!?

著者自身が、自分の国語力について公言することは稀だと思いますが、今後著者となられる読者の方に希望をもってもらえるよう書いておきます。

本を出版されたら、必ず一度は「本を書けるってすごいですね」「本を読むのは好きですが書けるほどの文章力はありません」と言われる方と出会います。しかし、私は国語がまったく得意ではありませんでした。学校の成績を思い返しても赤点をとっていたくらいです。まして文章力といえば自信はなく、いまでもブログやSNSなどで人に伝える文章を書くときにはスタッフに確認してもらうようにしています。

私の1冊目の出版で原稿を書いた時は、七転八倒しながら書きました。担当した編集者は「てにをは」から直して欲しいという屈辱的なことも言われ、文章の細かなところ、書き方まで何度も何度も注意を受けました。原稿を書き上げた時には、やり遂げた爽快感があるのかなと思っていましたが、そんな感情よりも「二度とやるもんか！」というのが正直な気持ちでした。

でも同時に「文章力というものはそれほど必要がない」ということを感じました。文才よりも、いかにオリジナリティが光るコンテンツであるかどうかが面白さを決めるカギであり、どちらかというとそちらを優先して書いていくほうが、本の内容にも深みが出ます。

またいくら文才を発揮しても、アジア各国の言語に翻訳してしまうと、その努力はあまり反映されません。しかし、コンテンツが秀逸であれば、多少表現が自分流であったとしてもそれが独特の雰囲気として味を出させますし、他の言語に訳すことになっても感動を伝えることができます。

これだけ重要な役割を果たすコンテンツですから、先ほども書いたようにオリジナルであることが理想的です。この部分まで自分で考えず、大枠だけをライターに伝えて本を書いたとしても、自分の意思とは大きくずれてしまうことも多いのです。例えば、使う言葉一つでも自分がほとんど使わないような言葉も使いながら上手に表現してくるのがライターの仕事です。もちろん、書き手によってフィーリングが違ってくるため仕方ないのですが、自分をよく知る周囲はいつもと違う異変に気づくはずです。

またライターといっても、文章力や語彙力は千差万別です。名前を出す、出さないは別として、本を書くようなライターともなると、一度も会ったことのない有名人になりきってあいさつ文を書いたり、食べたことのない料理のコメントを編集者の意図からイメージして書いたりすることができます。でも、ここで著者が忘れてはならないのは、出版する以上は成功も失敗も著者が責任を追うということです。

私は以前、ライターに依頼した著作で失敗した経験があります。そのライターとは打ち合わせで話をしても、出来上がってきた原稿もフィーリングも合致していたので安心してしまい、細部まで確認する前に私がＯＫを出しました。ただ一点、私が話していない内容で、かつ私のイメージとは合わない例が書かれていた箇所があり、後々になって周囲も自分自身も違和感が残ってしまったのです。

また、これは私の本ではありませんが、30歳半ばの著者が自分の経験したことを書いてもらおうとライターに依頼しましたが、結局形にはなりませんでした。ライターも30歳だったのですが、年相応でないというか、50代くらいの表現を使った原稿を書いてきたのです。自分が話していない事、また例や引用としてライターは先人の言葉や四字熟語などを良いと思って原稿に挿入します。しかし、それを最終的に使うかどうかを判断するのは著者自身であり、自分の責任の下で校了するということを忘れてはなりません。

とにかく、人に書いてもらおうが、自分が書こうが、普段使っていないような表現は使わないことです。そんな事をしても読者に感動が伝わることは絶対にありません。著者が書く原稿で使うべきは、性格や年齢に相応したフレーズなのです。コンテンツの詳細な内容やそのコンセプトを、自分自身で確認するということが必要でしょう。

原稿を自分で書く、また依頼する場合でも注意すべき点があることがわかりました。「それでは、さあ本を書きましょう」と言って、よほど出版に慣れている人、天才的な頭脳の持ち主なら3週間位で書き上げてしまうでしょうが、そうでなければ時間がかかるものです。しかし、この時点でコンテンツがオリジナルであり明確になっていれば、文章力の有無に関わらず一度に書き上げることができます。つまり、必要なのは文章力ではなく、明確なコンテンツなのです。

出版とブランディングについて

出版の先にある展開、つまりファンを作りビジネスへと発展させることを考えればブランド化することが必要です。この場合に「パーソナルブランド」と「コープレートブランド」を意識しなければなりません。

経営者の方が初めて出版するときには「自分の名前で出すのか」「会社の名前で出すのか」ということを迷われて、よく相談を受けます。自分の意見や想いをまとめているからといって個人で出版すれば、会社の部下たちから「社長は自分だけが目立てばいいのか」と思われがちです。だからといって会社名を使っても、その会社が将来的に大きくなったりすれば社名が変更になることもあり得ますし、社名がよく似た会社があるかも知れません。初めての出版であれば「パーソナルブランド」を優先すべきか、「コーポレートブランド」を優先するべきか、判断が難しいのではないでしょうか。

私としては、会社名と肩書き、名前を出す形を薦めています。パーソナルブランドとコーポレートブランドの双方をかさねればいいのです。私自身としても、基本的に自分だけの本として書いていません。すべての本を「自分の会社の代表」という立場で書いてきました。本を書きだした当時は、まだ社名が世間に知られておらず、不審に思われてしまうことも考えられました。だからこそ、私は自分の名前とともに社名も出した本を片手に、企業のＩＴ化支援事業を全国で進めていったのです。出版した本がきっかけでセミナー講演を各地で開いて話をしたり、日経ＢＰ社のサイトに記事を寄稿したりするようになって、世間でも社名を覚えていただくようになりました。

企業のトップといっても、大企業の場合はコーポレートブランドには大きく影響することはありません。例えば、世界的に有名なある精密機器メーカーの社長がこれまでに何冊か本を出しています。これらの本はすべて社長自身のパーソナルブランドにつながるものであって、本の売れ行きや内容はコーポレートブランドにはまったく影響していません。それは社長が本を出す以前から、その会社の商品や技術が世界的に信頼を得ているからです。こうした会社のトップが今さら本を出版したといっても、会社自体のプレゼンスが上がることはないのです。

一方で中小企業の場合は、社長自身がブランド化するメリットは大きいといえます。会社の顔であり、事業のノウハウもほぼすべてわかっているのが社長ですから、社長自身が表に出てパーソナルブランドを確立していくことが、コーポレートブランドを高めることにつながっていきます。

そうして会社が大きくなっていけば、部下との共著、また部下の名前で新たに本を出版することもあるでしょう。この場合は、部下が会社を辞めてしまうというリスクがあり、退職後にその本を回収するかどうかという問題も起こります。それは別として、一つの会社で社長も部下も本を出版している

図8　パーソナルブランドとコーポレートブランド

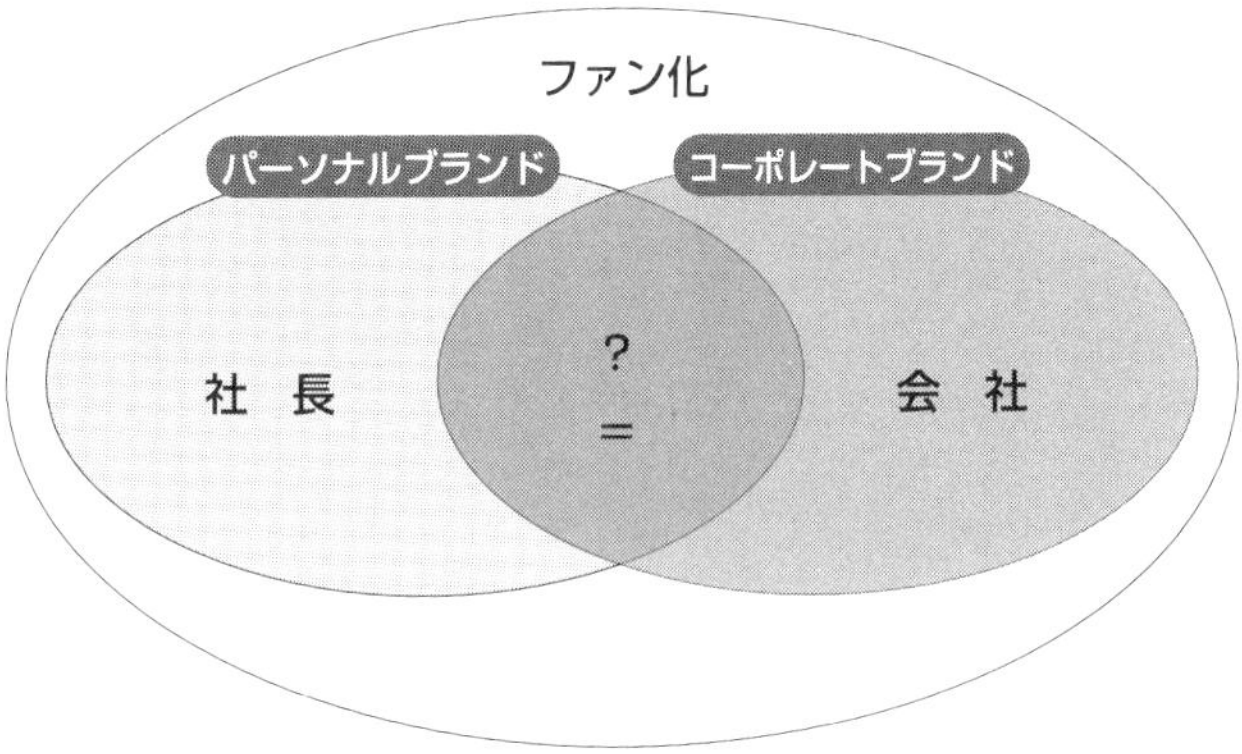

という事はまた違った形で良いイメージにつながります。例えば、社長に続く社員が存在するのだ、ということが出版を通して伝わります。出版がまた新たな付加価値を生み出していくのです。

このように、社長が本を出版し、またその本を生かしたビジネスを展開していくことがコーポレートブランドへとつながっていきます。私自身もそうやって本を出版してきたわけですが、プライベートブランドとコーポレートブランド双方をあわせていくことは面白いものだと思っています。

増え続ける情報と受け取る人間の感度

本は昔から有用な情報収集源であり、いまもネット上には公開されていない重要、かつコアな情報というものも本には記録されている場合があります。しかし、インターネットが普及しアナログからデジタルへと時代が変わりはじめるとともに、日本でも多くの人が「情報が氾濫している」「情報過多の時代」という言葉を使うようになりました。

確かに私たちの周囲を見てみるとPC、モバイルともに進化しつづけており、24時間いつでもインターネットを利用することが可能です。またSNSの利用者が増えたことで、そのサービスを検索すればニュースサイトでは扱

図9　膨大化する情報

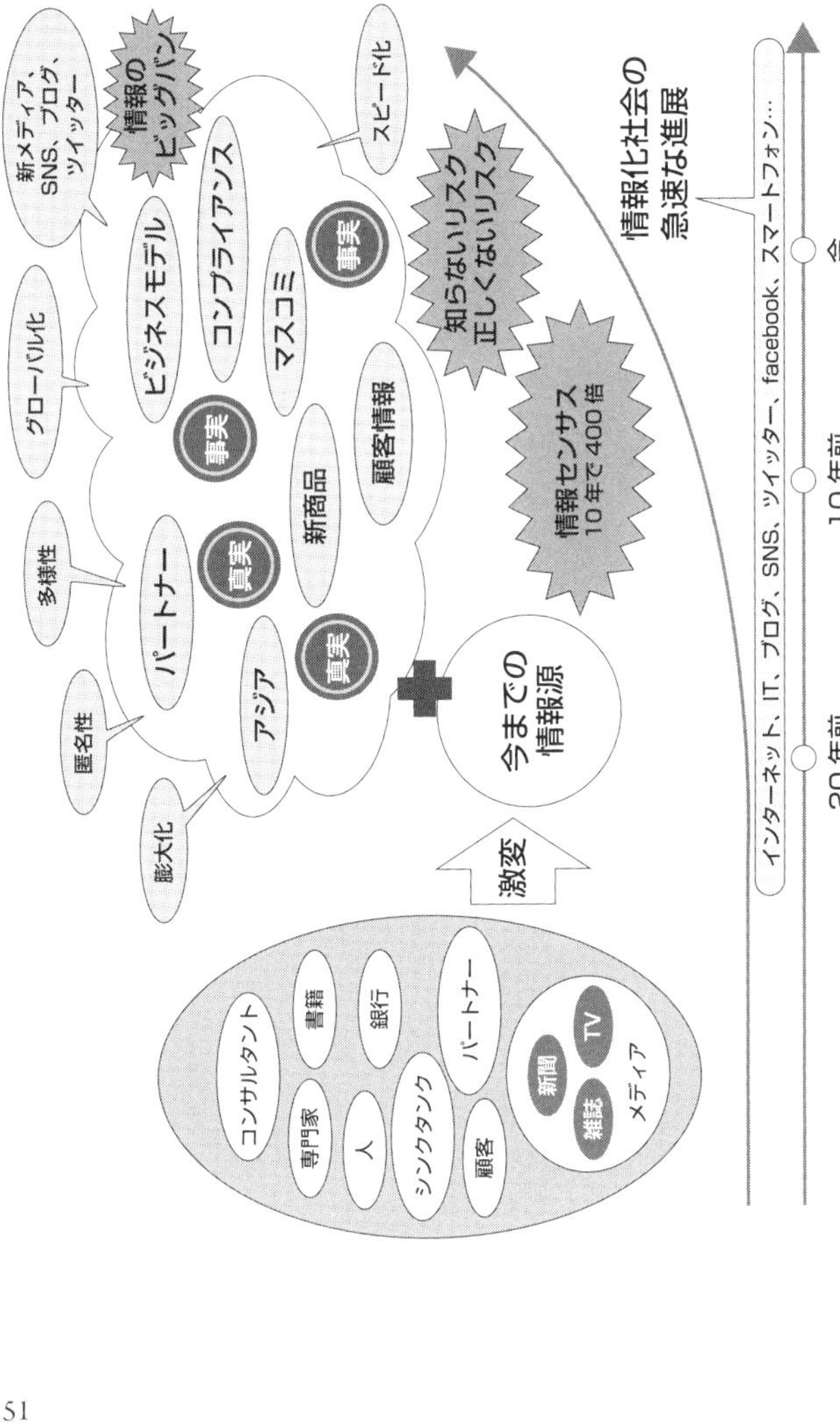
新メディア、SNS、ブログ、ツイッター
情報のビッグバン
スピード化
グローバル化
ビジネスモデル
コンプライアンス
マスコミ
事実
知らないリスク
正しくないリスク
情報化社会の急速な進展
多様性
パートナー
事実
真実
新商品
顧客情報
情報センサス
10年で400倍
匿名性
アジア
真実
膨大化
今までの情報源
激変
コンサルタント
書籍
銀行
パートナー
専門家
人
シンクタンク
顧客
新聞
TV
雑誌
メディア
インターネット、IT、ブログ、SNS、ツイッター、facebook、スマートフォン…
20年前
10年前
今

わない小さな出来事や個人の意思までも即座に知ることができるようになっています。一人を取り巻く情報は確実にその量を増しているようです。

少し古いデータですが、総務省「情報流通インデックス」（旧名は情報流通センサス）のデータでは1994年と2004年の情報量を比較すると約400倍の差があるという結果が出ています。簡単にいえば、わずか10年で私たちの周りにある情報が400倍になったということです。

しかし、情報を受け取る側の人間はどうでしょうか。日常から情報にさらされていることから、少しは情報を処理する能力も成長しました。しかし、残念ながら成長は2倍ほどにとどまっているのです。

そんな人間が400倍にまで膨らんだ情報すべてを受け取ることはできませんし、目や耳をフルに使っても400倍もの情報に触れることすらできません。結局のところ、情報を得るツールが増えてしまい、こちら側の意識が変わってしまった。簡単に言えば気にしなくていい情報まで気にするようになったということがあります。

例えば、北海道に住むおばあちゃんのところに行くとしましょう。昔なら、せいぜいおばあちゃんに電話をするくらいで、あとは目的地に向かうだけでした。しかしインターネットが発達し、北海道へ行く手段も複数から選べるようになりました。その日の天気や周辺地域の情報もルートを検索していれば一緒に表示されます。こうして目的を達するために必要な情報が入ってくることに慣れると、あらゆる情報が気になりはじめるのです。

しかし先ほどの数字で考えれば、情報量と受け取る側の人間とのバランスがあまりに取れていません。ですから、バランスが均衡になるように変化していくと思うのです。今はその過渡期ですから、増えた情報をすべて自分が受け取ろうと向かっていく必要はありません。知る必要がない情報まで、知っておく事はありません。

私は仕事柄、一月の大半をアジアのどこかの国で過ごしています。あいさつや簡単な受け答え、ボディーランゲージ的なことを除けば、まず現地の言葉はわかりません。だから、情報が氾濫しているという現代においても、私はそう感じないのです。自分自身がすべてを受け止めようとしなければ、そうキャッチする情報は増えませんし、発信の有無を考えなければ情報量自体が膨張しているわけではありません。

こうした情報過多の時代において、私たちはどうやって情報感度を高めればいいのでしょうか。この出版と情報感度というものも、実は大きな関係性があります。先ほど本を書いていくところで説明しましたが、コンテンツによって蓄積していく情報の取捨選択も、この情報感度を高めていくことが大切になるからです。

情報感度を高めていく方法の一つは、「記憶に頼らない」ということです。よく「手帳に書かなくても、すべての予定は頭の中にある」というビジネスパーソンがいますが、人間の記憶ほどあいまいなものはありません。偶然であれ、インターネット上で情報を拾った時に出所やサイトを忘れてしまえば、

図10　情報感度を磨くポイント

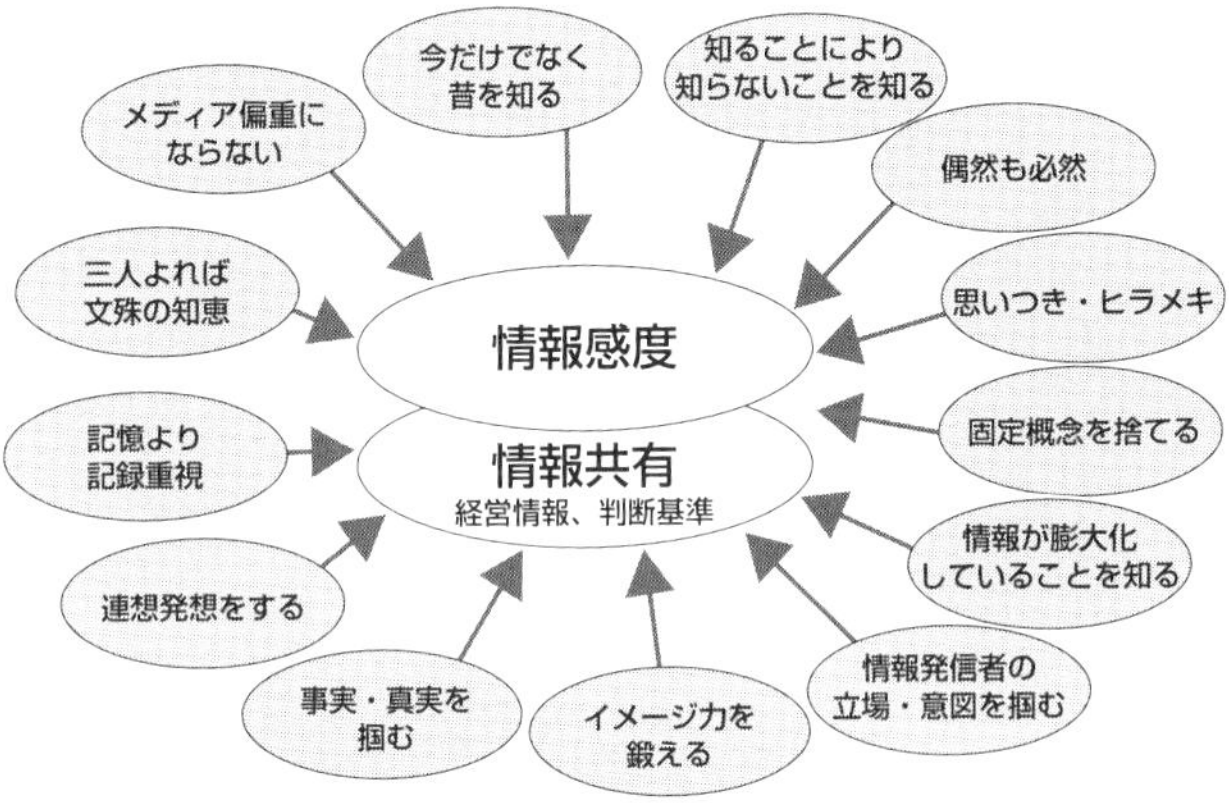

二度と見つからない可能性もあります。そうなればせっかくの情報も、誰かに伝えることもできません。

　まして自分の本に盛り込む情報、心に突き刺さった印象的な言葉となれば、「どこの著書にある」とか「どんな肩書きの誰がいったたか」ということを明言できなければ、とても掲載などできません。また誰かが言ったことすら忘れてしまい、自分の言葉として書いたり講演したりしてしまえば、盗作として訴えられてしまうような事態を引き起こしかねません。

そしてもう一つは、読者が必要とする情報をキャッチする力をつけることです。読者は、自分が知らない情報や教訓を得たい、とかノウハウを知りたいと思って本を購入します。人それぞれが求める情報は違っていて、たとえその情報がニッチであったり、そうした情報を求める全体数が少なくとも、本を手にした読者の情報ニーズと合致していれば、それは役に立つ本であり、必ず読者はファンになります。

本を作るというのは、泥の中から砂金を見つけ出すような作業です。本に載っている情報が砂金です。砂金といえども金ですから、誰がやってもいいというものではありません。きちんと砂金を見つけたらすべてを引き渡せる信頼のある人、砂ではない異物を見つけてもそれが金か石かを判断できる人、そして段取り良く砂金を見つけて失くさないように整頓して保管できる人でなければなりません。

つまり、関連する情報を取捨選択することなくなんでも載せてしまったり、自分の思いの丈をただひたすら書かれたりすると読者は困ってしまいます。

網羅的に社会情報も入れて、羅針盤のようなものを作ってほしいということなのです。その中には自分が書きたくないと思うような失敗談、また一部の人には当たり前のようなことでも知らない人のために書く必要があるかも知れません。例えば、40年前の日本の姿というものは40歳以上の読者にとっては書かなくてもいい内容でしょう。しかし、それよりも若い世代はイメージのしようもありません。スーパーで売られている切り身の魚が大海で泳いでいた魚であるということ、かつての日本ではハエが止まったご飯を食べていたという事実は、その事を見ていない人にはイメージできません。こういう事も書かなければならないのです。

そして、そうした情報をよりわかりやすく伝えるために、著者はその情報の目的や読者が何に使うのかということをわかっていなければなりません。目的もなく砂金を見つけても仕方ないのと同じで、どんなにいい情報でも役に立たなければ載せる意味がないのです。

もう一つ、これも私の体験ですが、いまでは趣味となった水泳も当初は15

メートルくらいしか泳げませんでした。この時に、偶然書店で出会ったのが「400メートルをクロールで泳げるようになる方法」（確か、そのようなタイトルだったと記憶しているが……）です。試しに読んで実践したところ、とても長い距離を泳げるようになりました。出版社の立場から正直に言うと、この本はあまり売れていないような気がします。でも私は、こんな本を作りたいと思いました。先ほど書いた通り、私にとっては本当に価値のある本だったのです。必要な情報をより多くの人に伝えることはもちろん大切です。しかし、少数であっても本当に価値がある情報やそこでしか書かれていないという情報が書かれている本を作ることも、出版という本来の意味からはとても価値あるものといえます。

本を作るにあたっては情報の有料・無料という見せ方自体も大きなポイントになります。世界的な話であれば、これまでソフト会社が販売していたようなソフトウェアと同等、またそれ以上の機能をつけてGoogleが無料で提供しています。日本においてもフリービジネスが昨年から流行しています。そうした情報という点で見て、フリーマガジンやＷＥＢなど無料で閲覧できる情報を一次、有料の情報を二次と分けて考えてみたいと思います。

本の中身にもよりますが、ビジネス書を出版すると定価は１０００円前後です。これを高いと見るか、安いと見るかは個人の問題ですが、有料であることは事実です。

さて、社会には昔からコンサルタントという仕事があります。ある特定の業界に精通していて、その業界と外の世界、また企業を比較し、必要に応じてアドバイスをしていくわけです。その比較基準ともいえるノウハウ、情報は利益を生み出す大事な部分であり、周囲に漏らすようなことはありませんでした。

そんな商慣習に挑むかのように、私たちは情報をクローズするのではなく、読者に伝えていこうというスタンスです。

だからといって、すべてを種明かしするかというとそれはビジネスではあ

図 11　情報深度の３層構造

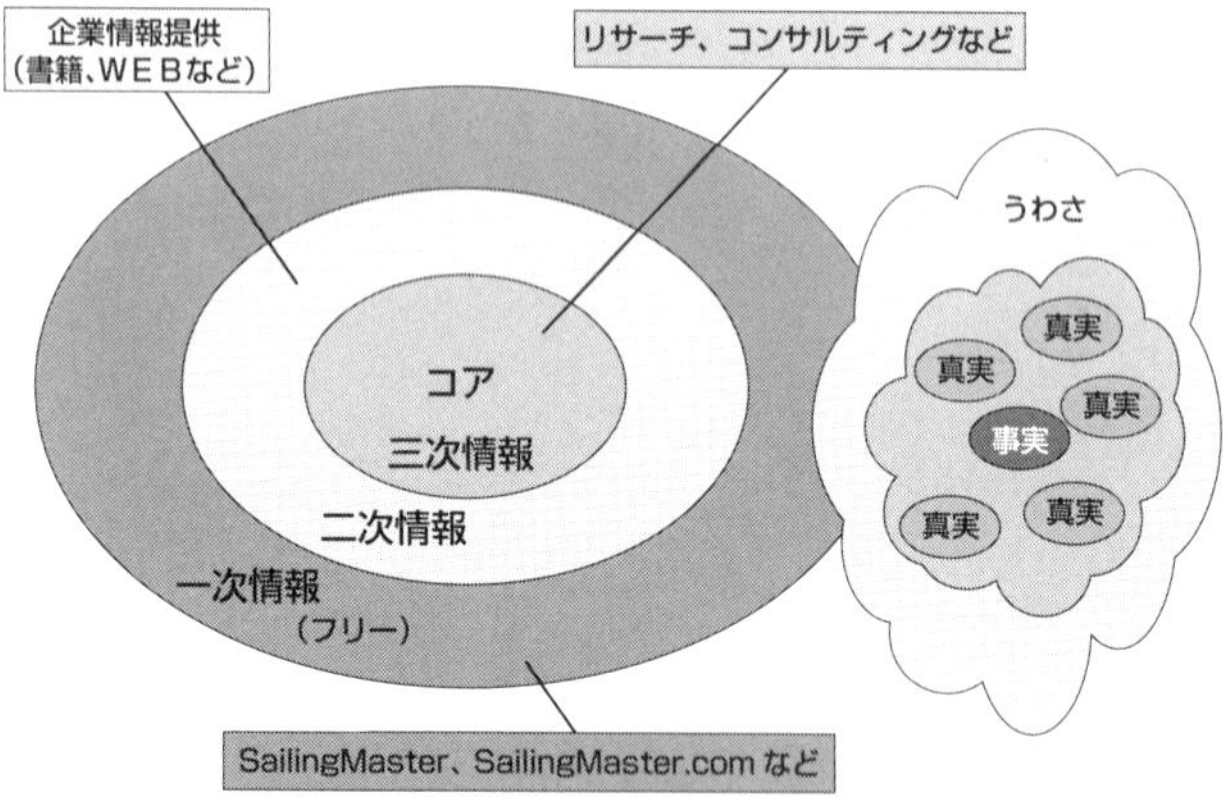

りません。例えば、人気フードチェーンが開発したタレのレシピを書いてしまえば、たちまちライバル店に真似をされてしまったり、自分で作ったりして売れなくなります。そうした情報の核となる部分は別ですが、情報自体を囲い込むことなく公開していこうという姿勢、またそれを可能とする環境が大切です。こうした部分で無料・有料という情報の出し方を考えていくことも、本作りには重要なことだと考えます。参考までに、弊社の考える情報の区分けを図で示します。

ソーシャルメディアと本の関係性

昨年発生した東日本大震災では、Twitter や Facebook、Google +といったソーシャルメディアに様々な情報が流れ、いろいろな角度から注目を集めました。生活に関わる情報や地域内の詳細な状況などが多く含まれていたことから、非常時におけるソーシャルメディアの位置づけは、以前とは比べものにならないくらい上昇しました。

そうした前提で、現時点でのソーシャルメディアと本の関係性について考えていきたいと思います。まずは本をつくるという段階での関わりです。

公式ページで「交流を深めるソーシャル・ユティリティ・サイト」と掲げているFacebook、またリアルな世界では知らなくてもフォローし合える

Twitterなど、それぞれのSNSごとに登録者同士が交流できるし仕組みになっています。それぞれが持つメリットを理解しつつ、それらを生かして意見を収集したり、同じような相手をグルーピングして定点観測することで流行なども分析することができるでしょう。リアルに取材を重ねるよりも数の面では優位であり、本を作る上での情報収集に役立つ使い方ができます。また、出版を企画した段階である程度のターゲット層を推測したり、売れ行きや購入層の傾向性を見ることもソーシャルメディアを使えば無料に近い形で把握することができます。こうした使い方を考えるだけでも可能性は広がりますが、まずは自身が使ってみて特徴を理解することが大切です。

出版後のマーケティングでいえば、現在のFacebookは有用なコマーシャルツールといえます。なぜなら、良し悪しは別としてFacebookには「いいね！」という賛成のボタンしか用意されていないからです。いま企業は、テレビCMや専用サイトの構築よりも低コストで済んでしまうFacebookページの制作に力を入れています。視聴する側が見ているのか、電源を入れているだけなのかもわからないテレビのCMと違って、Facebookは自分が「何かをしよう」とわざわざページを訪れます。また誰かが訪れてそのページのいいね！　ボタンを押したり、リンクをシェアしたりすれば自然と閲覧する人が増えていきます。これまでのマスメディアに向けた広告に比べてもはるかに効率的です。

そして、ページを制作するハードルもずいぶん低くなりました。これまでは大企業や一部の特定企業だけが大がかりなコストを投入してきましたが、現在では中小企業や個人でもページを開設する人が増加し、とくに企業は短期間だけのプロモーションにこうしたページを利用するようになっています。

これらソーシャルメディアの特徴は、密接な人間関係を構築できる点にあるといえるでしょう。かつての新聞や雑誌とは異なり、ソーシャルメディアは、情報の発信側と受け手の距離感が近い。相互でコミュニケーションをとりながら、新たな関係を築いていくこともできます。Facebook上で日常的にコミュニケーションを取っている人なら、人間関係を築くための情報をお互い知り得る機会が多いので、初対面であっても人間関係を築くまでの時間は短縮できます。例えば、ビジネスに関心がある人を集めて、希望者には本を進呈しリレーションを作ってしまう。そこからセミナーに来場してもらうことができれば、より今まで以上にビジネスを考える人同士のつながりが広がる可能性も強くなっていくと考えています。このような特性を持つソーシャルメディアが、本の関係性に大きな影響を与えることは間違いないでしょう。

私たちも、企業としてTwitterもFacebookも活用しています。例えば、イベントを開催する際などは、これらツールで事前に情報を発信したり、イベント後には開催レポートなどを発信しています。前章でも登場しましたが、2年前に「アジアで農業ビジネスチャンスをつかめ!」(近藤昇・畦地裕著、2010年)を発刊しました。この本のタイトルを見て、「アジアで農業ビジネスってどうなんだろう?」と考えられた方も多くいらっしゃいます。私は出版する以前からアジアで農業ビジネスを展開されている方を知っていましたし、出版にあたり改めて取材をしました。出版することで「アジアで農業」というアド・バルーンを上げ、どれくらいニーズがあるかを探ろうと考えました。セミナーを定期的に開催していくうち、新たに農業ビジネスを志してアジアへと進出される方、またビジネスへの具体的な相談も受けるようになりました。こうして一つのビジネスが大きく花開き、広がりをみせる事は嬉しい限りですが、さらにその可能性を広げるために、ソーシャルメディアをどう活用していくかを常に模索しています。

情報社会における本の役割

前項で紹介したソーシャルメディアは日本でも急速に利用者が増えています。振り返れば09年あたりから「Twitter」が流行しはじめ、翌10年には映画上映がきっかけでFacebookの利用者が急増しました。いまではGoogle＋ユーザーも増えていますし、海外にビジネス拠点を置く人はLinkedInの日本版スタートを心待ちにしています。すでに紹介したように、私たちもビジネスへの活用を模索しているところです。

２０１２年時点ではTwitterやFacebookなどがソーシャルメディアの主流といえます。しかし、これはまったく過渡期であるとも認識しています。それは歴史が教えてくれているのではないでしょうか。今までも、主役と目されてきたネットにおけるコミュニケーションツールが現れては消えていく姿を見てきています。多くの匿名ユーザーの書き込みにより成立している掲示板サイト『2ちゃんねる』などは、一時は社会現象を巻き起こしましたが、やはり匿名という性質から、書き込まれる内容の質は信用に足るものではないという認識が広まっています。TwitterやFacebookを『2ちゃんねる』と一緒にするわけではありません。しかし、ネット上のコミュニケーションツールというものは、リアルな人間関係に比べるとどうしても心許ない部分が目立ちます。例えば、Facebookには「いいね！」ボタンがあります。しかし、「ダメだね！」「反対だね！」といったリアルな人間関係で発生するであろう批判や自分と正反対な意見などの疎通をとり入れていません。真のリアルなコミュニケーションに近づこうとするならば、このあたりがネット上のコミュニケーションツールの頼りなさといえるでしょう。

一方、本というものは、印刷機で印刷された紙の束を綴じた唯一無二の有形物です。そのため、制作するには時間とコストがかかります。しかし、本にはネット上のコミュニケーションツールにない強みがあります。それが、『信用』でしょう。例えば、匿名で書かれた本（ペンネームを使う方はいますが）というものは存在しません。常に実名主義であり、有形物であるが故に、自身の主義・主張の証明にもなります。簡単に修正できないからこそ、何度も推敲を行うことになります。さらに、自身の主張に対し、反対意見も多く耳に届くことになるかもしれません。そういう意味で、ごまかしの利かない情報発信ツールともいえます。

インターネットが普及した現代においては、誰もが情報発信の担い手になることが可能です。先述したように、そのため私たちが入手できる情報量は飛躍的に増えています。しかし、その情報は玉石混交であり、真に有益な情報もあれば、悪意に満ちた詐欺的な情報も飛び交っているのが実情です。私たちは、現代が情報を制する者が勝者となる情報社会に突入していることをもっと認識すべきでしょう。華やかに映るネット上のコミュニケーションツールが注目されていますが、見直すべきは、『信用』に基づいた情報発信の手法なのかもしれません。そういう意味で、『本』というツールの価値が色褪せることはないと考えています。ネット上の果てしない進化と比較すれば、極めてアナログ的です。しかし、グーテンベルグの活版印刷技術の発明から現代まで、そして将来にかけて情報社会が進展すればするほど、本の有用性は変わらないでしょう。本のビジネス活用を試みてきた私たちは、そのことを実感しています。

あとがき

「快適さを追求したデジタル主義」から「自然を追求するアナログ主義」への回帰

本書ではさまざまな事例やデータ、私自身の体験、出版業界の真実を綴ってきました。あわせて現代を解くキーワードとして、デジタル・情報という角度にも触れさせていただきました。情報発信については、そのテーマだけで一冊の本が仕上がるほど内容を集積してきましたので、まもなく「情報感度を磨け」というタイトルで発刊する予定です。

さて、本書をいま手にされている方は、ほぼ全員が20世紀生まれだと思います。その100年間は国と国が武力を競い領地を奪い合う戦争がありました。その後はより快適、便利な生活の実現をめざして科学技術が進歩し、人間の動作を超えるロボットができ、人間が処理できないほどの情報があふれる社会になりました。やがて資源が枯渇することがわかると、今度は国・地域がグループ化し資源確保の競争をはじめ、個人レベルでの貧富の差も激しくなっているのが現実です。

21世紀に入って12年が過ぎ、ようやく世界も変わろうとしています。ただ快適さ、便利さを求めるだけでなく、地球や自然を大切にしなければならないことに気づきました。デジタルの世界に長く没頭していた人たちは、リアルな社会の大切さに改めて気づき、アナログへの見方を変えはじめています。

若い世代でも、ゲームばかりしていた人が旅に行くようになりました。家の中に閉じこもっていたのが、デジタルデバイスを手に自転車をこぐことが日本では流行しています。「デジタルの世界は人間社会と同じ」という人がいます。しかしデジタルは心の裏の部分までさらけ出していますから、とてもこの世界だけに身を置いて生きていくことなどできないのです。いま社会的に問題となっている人間同士のコミュニケーションの不足や精神的疾患に苦しむ人が急増している事も、こうしたデジタルの世界観による影響ならば、少しでも早く人間は原点のアナログに回帰しなければならない局面に差し掛かっているのです。

こうしたアナログの代表的なものとして挙げられる本も、こうした変化にあわせ視点を変えて考えるということがこれからは必要になってきます。冒頭から書いてきた「売れるような本を書いて利益を出す」「本当に役立つ情報は公開せずに情報を囲い込んでおく」「セールス・プロモーションにお金をかけて、とにかく本を作る」という出版ではなく、「自分のビジネスに生かし、発展させられる本を作る」「たとえ少数であっても、本当に価値のある本を出す」「自分にあったコストで投資をしてビジネスを成立させていく」という合理的、自然体での出版モデルが成功していく時代に突入していくと考えています。

そういった点からも、アジアの国々が今後迎えていく時代は非常に面白く、興味深いと感じてなりません。なぜなら、先進国の一翼を担ってきた日本が辿ってきた経済発展の渦中にあって、すでにアナログの大切さを感じている人間が存在したり、そういう人たちと一緒に国を作っていくからです。私たちが挑戦しているアジアでのメディアビジネスも、こうした新しい視点から作り上げ、アジアの発展とともにこのビジネスを広げていきたいと思っています。

これから出版をしようと考えている方、ビジネスを興していこうという方がこうした新しい視点で社会を見据えた作品、今後の飛躍に向けた一書を作られるという事を心から願っています。

〈著者略歴〉

近藤　昇（こんどう・のぼる）

ブレインワークスグループ　CEO

1962年徳島県生まれ。神戸大学工学部建築学科卒業。一級建築士、特種情報処理技術者の資格を有する。日本を元気に、中小企業を元気に―この強い思いのもと、中小企業の総合支援事業やコンサルタント活動を精力的に展開、若者の啓蒙にも強い関心を持つ。98年よりベトナム・ホーチミンに拠点を構え、アジア関連ビジネスも積極的に行なう。日本だけではなく、〝アジアを駆け巡る、お助けマン〟を標榜し、アジア各地でビジネス活動を展開している。主な著書に、『バカモン！　一流ビジネスパーソンへの登竜門』『マンガでわかる！家族のための個人情報保護ハンドブック』『顧客づくりのためのプライバシーマーク活用術』（カナリア書房）、『IT、情報活用、セキュリティで右往左往しない社長の鉄則77』（明日香出版社）、『仕事は自分で創れ！』『だから中小企業のIT化は失敗する』（インデックス・コミュニケーションズ）、『だから若者は社会を迷走する』（カナリア書房）などがある。

佐々木　紀行（ささき・のりゆき）

ブレインワークス 取締役

1973年、埼玉県生まれ。大東文化大学法学部政治学科卒業。出版社、編集制作会社勤務後、コンテンツブレイン入社。その後、同社取締役、ブレインワークス取締役、カナリア書房代表取締役に就任する。ビジネス書の企画制作を手がける傍ら、アジアビジネス情報誌「Sailing Master」の発行人・編集長を務め、アジア各国で取材活動を続けている。

〈執筆協力〉

近下　さくら

神戸商科大学経営学部卒。

公認会計士・税理士事務所を経て、ブレインワークス入社。

現在は主にジャパンスタイルショップビジネスを中心としたアジアビジネス事業の推進、またカナリア書房にて出版事業を担当、編集長を務める。

大西　信次

京都大学大学院エネルギー科学研究科卒業後、2001年に株式会社ブレインワークスに入社。セキュリティサービス事業部長として、企業の個人情報保護対策、Pマーク取得の支援、社員研修、などに携わる。個人情報保護に関するセミナーでの講演も行なう。主な著書は『セキュリティ対策は乾布摩擦だ』『顧客づくりのためのプライバシーマーク活用術』『ＩＴ活用時代のリスクマネジメント』等

脇本　恵

甲南女子大学卒業後、ブレインワークスグループ入社。プロジェクト推進室にて、各事業サポートに携わる。その後、コンテンツプロデュース事業部に配属となり、ブレインワークスグループの出版事業を担当。現在出版希望者のサポートをしながら、出版ブランディング事業に従事。

『本』でビジネスを創造する本

2012年2月10日〔初版第1刷発行〕

著　　者　近藤 昇／佐々木紀行

発行者　佐々木 紀行

発行所　株式会社カナリア書房
〒141-0031　東京都品川区西五反田6-2-7 ウエストサイド五反田ビル3F
TEL　03-5436-9701　FAX　03-3491-9699
http://www.canaria-book.com

印刷所　モリモト印刷株式会社

装　　丁　新藤昇

D T P　伏田 光宏（F's factory）

©Noboru Kondo & Noriyuki Sasaki 2012. Printed in Japan
ISBN978-4-7782-0214-9 C2034

定価はカバーに表示してあります。乱丁・落丁本がございましたらお取り替えいたします。カナリア書房あてにお送りください。

本書の内容の一部あるいは全部を無断で複製複写（コピー）することは、著作権上の例外を除き禁じられています。

カナリア書房の書籍ご案内

2009 年 6 月 19 日発刊
定価 1400 円（税別）
ISBN 978-4-7782-0106-7

アジアでビジネス
チャンスをつかめ！
ブレインワークス
近藤 昇・佐々木 紀行 著

世界が注目する
アジアマーケットで
チャンスをつかめ！

アジアを制するモノが勝つ！
中小企業は今こそアジアでチャンスをつかみとれ！
10 年以上、アジアビジネスに携わってきた著者が贈る企業のアジア戦略必読本。
アジアビジネスの入門書に最適の一冊。

2010 年 4 月 20 日発刊
定価 1400 円（税別）
ISBN 978-4-7782-0135-7

アジアで農業ビジネス
チャンスをつかめ！
近藤 昇・畦地 裕 著

日本の農業の
未来を救うのは
「アジア」だった！

日本の農業のこれからを考えるならアジアなくして考えられない。
農業に適した土地柄と豊富な労働力があらたなビジネスチャンスをもたらす。
活気と可能性に満ちたアジアで、商機を逃すな！

カナリア書房の書籍ご案内

アジアで農業ビジネス
チャンスをつかめ！

ブレインワークス
アジアビジネスサポート事業部
アセンティア・ホールディングス 土屋 晃 著

日本式フランチャイズ・ビジネスの強み、日本流ホスピタリティの強みを活かし、
アジアという広大なフロンティアへ飛び出そう！

アジアではまだまだ外食マーケットは開拓できる余地が残されている。
日本流飲食ビジネスの手法で果敢にチャレンジすべし！

2011 年 7 月 25 日刊行
定価 1400 円（税別）
ISBN 978-4-7782-0192-0

近日発売書籍

「アジア人材活用のススメ」

「アジアにエースを送り込め！」

「情報感度を磨け！」

カナリア書房の書籍ご案内

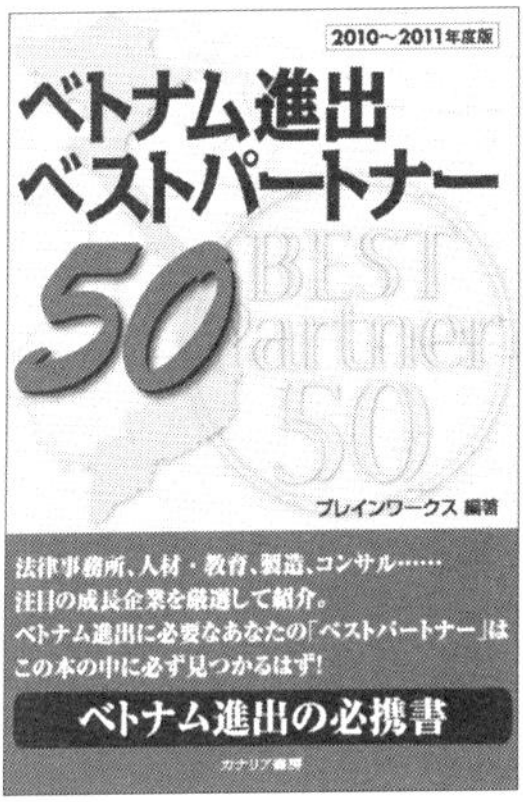

ベトナム進出ベストパートナー 50
2010 ～ 2011 年度版
ブレインワークス 編著

あなたのベトナムビジネスを
成功させる、
最高のパートナーが
必ず見つかります。

会計事務所、法律事務所、不動産、人材。
あらゆる業界の「ベストパートナー」を
紹介するベトナム進出の必携書。
数ある現地企業・日系企業の中からとっておきの優良企業を厳選しました。

2010 年 8 月 20 日発刊
定価 1800 円（税別）
ISBN 978-4-7782-0154-8

ベトナム建設企業５０選
ホーチミン編
ブレインワークス 著

ベトナム建設ラッシュの
波に乗れ！
あなたにぴったりのベスト
パートナーが見つかる１冊

今、建設ラッシュを迎えているベトナム――。若い労働力とエネルギーが溢れるアジアで、今後ますます飛躍が期待される建設業界。
本書では、ベトナム・ホーチミンの中でもえりすぐりの企業をご紹介しています。ベトナムの概況も含めて情報量満載の１冊です。

2011 年 5 月 12 日発刊
定価 1500 円（税別）
ISBN 978-4-7782-0183-1

カナリア書房の書籍ご案内

2011 年 12 月 26 日発刊
定価 1500 円（税別）
ISBN 978-4-7782-0202-6

ベトナムＢＰＯ企業５０選
ホーチミン編
ブレインワークス 編著

これからは、アジアで
BPO ビジネス！

これから、ますますニーズが高まるＢＰＯサービス。
利用したい、導入したいとお考えの経営者の方々は必読です。
御社にぴったりの企業が見つかる厳選の50 社をご紹介。

2011 年 11 月 20 日発刊
定価 1800 円（税別）
ISBN 978-4-7782-0207-1

中国成長企業５０社 長江編
NET CHINA
／ブレインワークス 著著

急成長を遂げる中国で、
注目すべきはこの企業だ！

大好評の「成長企業シリーズ」中国版に待望の第２弾が登場。
中国へ進出を検討している日本企業はもちろん、パートナー探しにも最適の１冊。
あらゆる業種の企業を紹介しているので、これを読めば中国経済の今がわかる。

カナリア書房の書籍ご案内

2007 年 3 月 20 日刊行
定価 1200 円（税別）
ISBN 978-4-7782-0040-4

一流ビジネスパーソンへの登竜門
バカモン！

近藤 昇 著

日本の将来を背負う
若者に一喝！

著者が２０年以上かけ、叱られることで体得してきたビジネスの鉄則を凝縮。
これから社会人になる人は、一流ビジネスパーソンを目指すなら本書を読め！
そして考える訓練をしろ！これがビジネス筋力を鍛える鉄則だ！

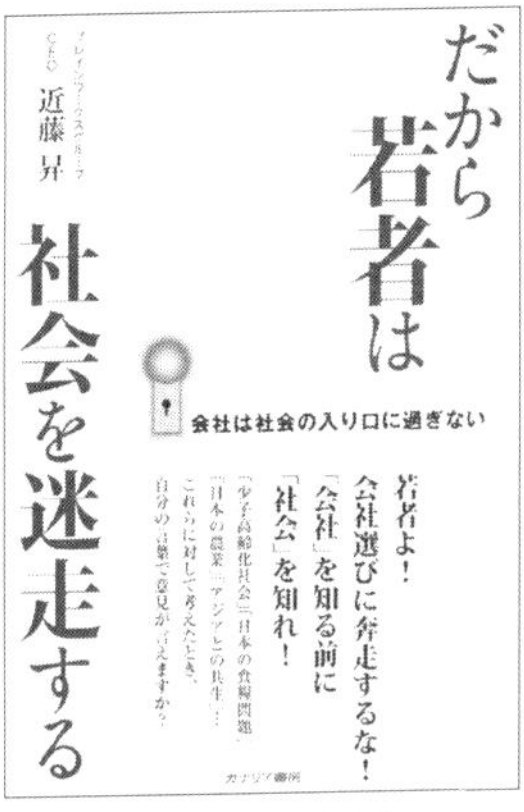

2009 年 2 月 23 日発刊
定価 1200 円（税別）
ISBN 978-4-7782-0096-1

だから若者は社会を迷走する

近藤 昇 著

現代の若者に贈る
珠玉のメッセージ

働くこと、アジアのこと、仕事のこと、そして人生とは？
日本とアジアで活躍する著者が若者にエールを送ります。
大学生、社会人生活をスタートさせたばかりの方に勇気と希望を与える１冊です。

仕事の基本が学べる！

ヒューマンブランドシリーズ

ビジネスマナー／セキュリティ・リテラシー／コミュニケーションマナー50／仕事のいろは／電話応対の基本スキル／情報共有化の基礎知識／電子メールの基本スキル／文書管理の基礎知識／ＩＴリテラシー／リスク察知力

定価：1,000円（税別）

実例とワンポイントでわかりやすく解説。
誰もが待っていた、今までにない必読書。
これで、あなたも今日からデキるビジネスパーソンへ。

仕事の能率が劇的にアップする
会議のいろは

ブレインワークス 編著

2010 年 8 月 10 日発刊

定価 1000 円（税別）

ISBN 978-4-7782-0153-1

あなたの会社の会議は大丈夫？
意見がまとまらない、欠席者が多い…
これらを解決して、仕事の効率を
劇的にアップさせよう！

これだけは覚えておきたい
ヒューマンサービスの基礎知識

ブレインワークス 編著

2010 年 7 月 20 日発刊

定価 1000 円（税別）

ISBN 978-4-7782-0148-7

ビジネスマナーの基本が身につく
「ヒューマンブランドシリーズ」に
待望の応用編が登場!!
今日からあなたもサービス向上を目指そう。

幹部になったら知っておきたい
マネージャー入門

ブレインワークス 編著

2011 年 8 月 30 日発刊

定価 1000 円（税別）

ISBN 978-4-7782-0198-2

マネージャーは究極の専門職。部下を育て、成果を上げる。幹部のあなたが今すべきことが、この1冊にまとまった。

マネージャーになったばかりの人だけでなく、あらためて仕事について振り返りたい人に贈る幹部入門書。

＼大好評／
ベトナム語版も発刊しています

ビジネスマナーが知りたいなら
「知らないと恥ずかしいビジネスマナー」
絶対におさえておきたいポイントを50項目で解説しています！

セキュリティに関する知識は
「セキュリティ・リテラシー」
聞いて納得のポイントを押さえて今日からリテラシーを高めよう！

これだけは覚えておきたい
「ヒューマンサービスの基礎知識」
ビジネスマナーの基礎が身につく。今日からあなたもサービス向上を目指そう。

日本だけでなく、アジア各国で役立つ教育テキスト